U0084433

締造台灣的日本人

黃文雄 著

Ko Bunyu の本

楊碧川 譯

前言

台灣是日本的殖民地嗎？

二次大戰後，把台灣、朝鮮和滿洲當作日本帝國「三大殖民地」的觀點很普遍。同樣地，把琉球、北海道當作「國內殖民地」的人也不少。這樣的史觀不但南轅北轍，也不夠正確。為什麼不正確呢？本書將指出其中的道理。

朝鮮是日韓兩國的「同君合邦國家」（類似奧匈帝國）。滿洲國即使被中國向國際聯盟提出控訴，也是一個被日本、德國、義大利為首的許多國家所承認的五族協和的近代國民國家。

朝鮮和滿洲都有上述的歷史事實，何況把日本國內的琉球、北海道當作「國內殖民地」，難道不是一種開玩笑的戲言嗎？

然而，許多人會問，台灣不是日本帝國道道地地的殖民地嗎？戰後的日本人當中，幾乎沒有人否認這件事，許多人甚至說台灣是日本殖民地的「模範生」。

有關台灣是日本殖民地的論爭，從甲午戰爭後簽訂馬關條約，把台灣永久割讓給日本以來，一直都在論爭著。論爭

的內容大體上分爲兩大部分：

> 第一、日本國憲法是否適用於台灣？在此以前，世
> 　　　界上從來就沒有在殖民地適用憲法的先例可
> 　　　循。
> 第二、關於實際經營台灣所引發的「殖民地經營」
> 　　　的論爭。

　　關於台灣的實際經營，呈現正反兩大意見的對立。台灣
總督府民政長官後藤新平主張仿效英國模式的殖民地經營；
後來擔任首相的原敬，則主張把台灣視爲九州、四國一樣，
用內地延長經營方式。這些論爭將在第二章詳述。

　　馬關條約（一八九五）後，日本政府設立「台灣事務
局」，由伊藤博文總理兼任局長，立刻激起了台灣殖民地論
爭的大漩渦。參加這場論爭的，包括日本政界大人物、帝國
議會議員、政府相關人士、憲法學者、殖民地學者、記者，
以及台灣知識界等廣泛的範圍。

　　日本過去半個世紀（一八九五～一九四五）對台灣的統治，果
眞是殖民地統治嗎？這豈是簡單的一句「日本帝國主義下的
台灣殖民地支配」就可以概括嗎？

　　此外，日本這五十年的統治雖不能說是「爲善不應
遲」，但是「結論卻太急」。我個人並不認爲日本對台
灣是一種「殖民地統治」。我不是從台灣總督府的治績
結果來看，而是從日本人對台灣的領土觀點得出這樣的

結論。

　　當時的伊藤總理對第一任台灣總督樺山資紀勉勵說：「好好幹！」但是，他沒有對樺山指示任何「殖民地經營」的方針。

　　因此，直到第四任總督兒玉源太郎與後藤新平民政長官時代以後，才有真正推行殖民地經營的政策可言。這是持地六三郎在他的《台灣殖民地政策》一書中所指出的。後藤新平的「殖民地政策」以英國模式來統治台灣，尊重台灣的風俗習慣，推進文明開化，落實殖產興業的具體方針。另外，後藤為了迴避殖民地論爭，而在教育上採取「無方針」的政策。

　　後藤新平以後的歷任軍人總督，不能說他們的「殖民地色彩淡薄」。但是，台灣的法制進入近代化的過程，尤其是第八任總督田健治郎時代，原敬的「內地延長主義」思想已成為經營台灣的主流；台灣不再是日本的殖民地，而完全朝向近代國家的建設方向了。

　　第十八任總督長谷川清時代，推行皇民化運動與徵兵制，準備選舉帝國議會議員，台灣「殖民地」色彩漸淡，幾乎達到「日台一體」了。台灣已經和九州、四國一樣，成為日本的內地延長的一環。儘管當時波濤洶湧，結果台灣做為內地延長型的經營成為主流。

　　總之，台灣已不再是日本的殖民地了。本書的目的，就是要糾正台灣近現代史的歷史認識，讓讀者明白——台灣不是日本的殖民地。

各種不同的戰後日本殖民地觀

日本人的殖民地觀，在戰前和戰後有很大的變化，本書意在糾正這種「價值逆轉」與「倒錯」的意識。十九世紀的「殖民地」主義思想，是人類最大的理想，更是最進步的思想。

先進國列強將後進國的弱小民族與未開化民族當作文明開化對象，乃是負有這種倫理的責任與使命。這和社會主義思想一樣，是一種「解放的思想」。

但是，從大正民主時代到戰後，社會主義的「人類解放・世界革命・國家消亡」的意識形態，又取代了殖民地思想，成為二十世紀最進步的思想而風靡一世。

雙方都以「解放的思想」自居，但從社會的主要角色來看，殖民主義思想以「先進民族」為主；相對地，社會主義以「先進的無產階級」為主。

從社會主義意識形態對殖民地的批判，首先是理論優先，為了鞏固其理論，他們不惜捏造歷史，扭曲歷史。

不論是殖民主義思想或社會主義思想，至今都已成為過去的歷史。然而，日本人到今天卻仍對殖民主義抱持著「倒錯」、「誤解」、「不是常識的常識」那種嚴重的錯誤見解。

這種錯誤的見解，來自信奉社會主義的進步知識份子所惡意製造出來的蠱惑。

　　所謂「日本帝國主義下的○○殖民地」，和歐美的殖民地在本質上完全不同，「殖民地壓榨」在台灣、朝鮮和滿洲，根本沒這回事！

　　日本的台灣經營，和「殖民地壓榨」完全是相反的史實。例如：日本領台初期的一八九五年，台灣總督府的支出全部由日本中央的軍事預算支付。一八九六年的台灣歲入二七一萬圓，其中包括日本國庫補助六九四萬圓。

　　日本領台的頭十年，都是由日本國庫直接補助來經營台灣。台灣財政的獨立，是日本領台十年以後的事。從這個事實看，何謂「殖民地的榨取」？台灣反而是日本的大負擔呢！

　　當時的六百萬圓是一筆龐大的資金，巨大的財政負擔。當時日本（一八九六年）的人口是四三○○萬人，甲午戰爭後的預算膨脹，歲出二億三百萬圓，其中軍費高達九千八百萬圓。日本對台灣總督府的補助金由約七百萬圓比九千八百萬圓，以人口計算，日人平均分得二圓二七錢。

　　相對地，台灣人口二七○萬人，每人約得三圓十六錢。從預算上看人均分配，台灣比日本還多，何況台灣人又不必服兵役。

　　不論怎麼說，從經濟數字看，台灣不是被殖民地榨取的對象。相反地，是日本國民成為被殖民地榨取的對象，肥了台灣，好了台灣，因而才有人在帝國議會上主張以一億圓將台灣賣給法國的提議，從經濟狀況看，這再清楚不過了。

　　兒玉‧後藤時代的土地調查，儘管被中國學者歪曲、捏

造成「土地掠奪」，但毫無任何根據。相反地，許多史實證明它不是這麼一回事。

日本帝國壓榨了自己的國民，來促進台灣的文明開化和殖產興業。即使把「日本的殖民地壓榨」這種捏造的歷史放進來，新興國民國家的日本也負有時代的使命。要如此看，才是有良心、良識的歷史認識。

戰後，台灣毫無例外地以「反日抗日」史觀來掩蓋台灣近現代史。渲染日本人如何壓榨台灣人，如何掠奪台灣；台灣人社會只有清一色為了祖國——中國的領土防衛而「反日抗日」。接著，更把土匪當作民族英雄祭拜，遮住雙眼捏造歷史。這種捏造的歷史在日本的中國與台灣研究者當中，頗為盛行。

如果沒有日本帝國，台灣如今仍是比中國最貧窮的海南島更差的一個化外之地，這是一種常識的看法。

本書不是從被捏造的「反日抗日」史觀出發，而是從生態學、水文學、地文學等史觀看台灣歷史。通過一個個的政治家、軍人、思想家、地理學者、醫學者、動植物學者、建築家、技師，以及歷史文化人類學家、教育家、語言學者、文藝、文化人等等，探討他們如何計劃台灣的國土規劃、高山探險、風俗習慣調查，以之反映台灣的殖民地統治的歷史。

本書列舉了上下水道、電氣、建設、森林保護、治山治水、殖產興業、普及教育及文化等各方面，一百多個對台灣近代化有貢獻的日本人。事實上，過去半個世紀的日本統治，不知有幾千、幾萬、幾十萬的日本人，為台灣的近代化

犧牲奉獻，限於篇幅，我們無法一一詳加列舉，只能以區區數頁來勾勒出其大概。

我敢斷言，如果沒有這數萬、數十萬日本人的努力與犧牲，絕對沒有今日的台灣可言。因此，我把他們取名為「締造台灣的日本人」。我斷言如沒有日本人就沒有今日的台灣，當然有十足的證據。這些證據將在本書內一一呈現。

沒有日本人就沒有台灣的現代化可言

日本人會懷疑締造今日的台灣是什麼？除了日本人以外，又有誰能夠締造近代台灣呢？答案是「Yes」。近代台灣的文明開化，日本精神是不可欠缺的必要因素。日本精神的例證，將在第七章裡詳細敘述。

到底什麼是日本精神呢？這不只是新渡戶稻造所謂的「武士道」而已，而是江戶時代以來已經成熟的日本文化，加上開國維新以後明治人士所創造的百花齊放的精神。台灣這個南方島嶼，也在文明開化的波浪衝擊下，開出文明的花朵。

日本精神也包含了對未來的好奇心、向異域探險的冒險心、嚴密徹底的科學探究心，與對土地的愛心。日本精神的具體表現更包括了成為土地的護國之神，及對教育台灣人付出相當貢獻的日本人。

締造近代台灣的日本人功勞者裡，首先必須列舉的是學校教師和警察，此外是貢獻社會建設的技師。

台灣一向是土匪支配的社會，平定土匪武裝勢力的警

察，成爲維持社會治安的主力，他們奠定了台灣法治社會的基礎，實現了二十世紀初人類最大的夢想——「夜警國家」（興起於十九世紀中葉，是自由主義潮流下的人們認爲的，最理想的國家制度）的建立。

此外，台灣爲文盲之地，就學率在二％以下。然而卻在日本推行近代實業（職業）教育下，台灣人終於成長爲近代國家的國民。

日本統治下的台灣，中學教育的學校數目及教育內容，絕不比日本國內遜色。戰前的台灣有四所專科學校，教師一八五人，學生八四一人。台北帝大有教師三四八人，學生二八三人。換句話說，老師比學生還要多，可見當時台灣教育水準多麼高。

戰前的日本人，尤其被斥爲「殖民地統治者」或「侵略者」的日本人，實際上是很正派的人。尤其是明治人，他們將眼光放在締造新日本、國民國家的建國目標上，「爲國」而進取的精神豐厚，秉具明治人的骨氣。

然而，大正民主時代以後的大正、昭和、平成時代，日本人已經變了。日本人喪失了勇氣，變得畏縮、無責任感。戰後的日本人更加墮落、更加沉淪。

因此，當台灣人「美化日本殖民地」而感到尊敬的，幾乎全是戰前的日本人，戰後被台灣人尊敬的日本人，幾乎沒有一人。戰後的日本人沒有資格批評戰前的日本人。

黃　文雄
(Ko Bunyu)

目次

◎衝動地破壞日本人建築的中國人和韓國人
◎建設至今仍留存的現代化城市的森山松之助
　堀見末子、木村泰治

第四章　日本的醫療使台灣的衛生環境飛躍地改善

日本的台灣經營絕不是「侵略」

一、台灣不是中國的領土

以往中國認為台灣是屬於日本的

日本人與台灣人的關係，意外的深遠；甚至比支那（中國）人與台灣人的關係還更長遠。倭寇在東支那海活躍的時代，他們經常利用台灣做為轉口貿易基地和補給用水的據點。由於缺乏明確的史料，很遺憾不能詳述。

然而，一六二四年荷蘭人（東印度公司）佔領台南一帶做為通商據點，並在安平港興建熱蘭遮城，就已經留下百餘名日本人的紀錄。二年後，西班牙人在台灣北部淡水港築城時，也有日本人的存在。

朱印船

荷蘭時代在台灣的日本人，以長崎代官（市長）末次平藏的朱印船船頭（船老大）濱田彌兵衛與荷蘭長官努易茲（Pieter Nuyts）爭執的事件（一六二八）最為有名。

起因是濱田彌兵衛率朱印船抵台灣，拒絕向荷蘭人繳納

濱田彌兵衛事件

十分之一稅而折返日本。一六二八年他再度率船至台灣，差
點被努易茲扣押；反過來劫持荷蘭長官，交換長官之子等
五人做為人質押回平戶，並索回上次被扣生絲損失共四百多
比克爾。德川幕府下令封閉荷蘭在平戶的商館，並要求荷蘭
人交出台灣的城寨，予以破壞。結果，荷蘭商館送了青銅製
作的燈籠獻給日光的東照宮（德川家康的靈廟），才結束這場危
機。但是，幕府和荷蘭政府間的緊張關係，一直拖到十年後
才告和解。

　　但是，除了這個事件以外，還有一項不為人所知的日台

關係史。

十八世紀，乾隆皇帝時代才完成的官方正史《明史》，把台灣北部的雞籠國（高山國）列入〈外國列傳〉來介紹，紀錄為「日本所屬」。當時的支那人可能把古代台灣誤以為是浮出東方海上的日本的一部分。

的確，台灣在清朝佔領以前，就是倭寇活動的地方，支那人把台灣視為倭寇的「巢窟」，也就誤以為這裡是日本領土的一部分了。

嘉靖四二年（一五六三）的明代紀錄：「寇民遁入海，向台灣之地」，標誌著台灣的確是倭寇的根據地。

支那人對台灣的知識十分淺薄，宋代製成的《華夷圖》裡，只描畫了海南島，卻沒有台灣的存在。歷史上最初的台灣地圖，則是葡萄牙人繪製的。

當時的台日交流，以一五九三年豐臣秀吉派遣原田孫七郎為使者，攜帶給「高山國王」的國書，要求向日本進貢臣服。向豐臣秀吉提議遠征菲律賓的，是長崎貿易商人保羅‧原田喜右衛門。

但是，秀吉的目的無法達成。因為，當時的台灣並無一個主權者的「國王」存在，而且各地方的代表者是各部落酋長，日本國書無從呈遞，入貢則更談不上了。

但是，日本政府仍然嘗試和台灣接觸。這裡有留下兩個紀錄。

一個是山田長政在去暹羅途中，曾短暫在台灣停留的紀錄。另外一個是泉州港商人納屋助左衛門（呂宋助左衛門）在

一五九四年到台灣賺取暴利，回日本謁見秀吉獻上珍品的《三才圖會》一事。

此外，納屋助左衛門由於觸犯了秀吉，而搭乘「櫻丸」號向琉球逃走，於一五九六年也有在台灣淡水靠岸的紀錄。他在一六一二年爲逃到暹羅，也留下了進入台灣內部探險的紀錄。

江戶時代的一六〇八年，德川家康在駿河接見過漂流到日本的台灣阿美族，留下了「巴加國人與現在」的書面紀錄。對台灣有興趣的家康，遂在翌年命令有馬晴信到台灣探險。

受家康之命的有馬晴信，派出部下到台灣探訪，招撫原住民和嘗試通商的任務，結果終告失敗。一六一五年，長崎代官村山等安取得往高山國的貿易狀。村山募集邊民到台灣，要求原住民與日本貿易及朝貢，甚至企圖佔領台灣，由於沒有有力的後援，很快就失敗了。

以後的一六二四年，台灣南部被荷蘭人佔領；一六二六年時，台灣北部被西班牙人佔領了十六年。

荷蘭人在一六四三年，由波恩上尉率隊向東台灣探險。其目的在尋找金礦礦脈，探險隊從台南的安平出發，北上淡水、基隆。這個金礦情報的提供者是天主教傳教士伴天連，也有人認爲那是日本人哈辛頓・九左衛門。

根據荷蘭人的紀錄，當時是日本的朱印船在南海活躍的時代，朱印船頻繁往來於基隆、淡水、安平、打狗（高雄），各港口都存在有日本人的市集。

　　從倭寇時代到荷蘭人佔領台灣時代的台日關係，不是以人的交流而是以物產的關係爲主。懸掛八幡大菩薩的八幡船及朱印船，帶給台灣的是盔甲、刀劍、鹽、漆器、扇子、日用雜貨，再由台灣載回金、鉛、生絲、絹織物、鹿皮、玻璃、黑檀等回日本（但是，台灣只被利用為貿易轉口港，當時台灣並不需要盔甲）。

造成出兵台灣的「牡丹社事件」

　　接著，日本迎接近代以來所爆發的一件影響日台關係的事件，它就是明治維新後一八七一年的「牡丹社事件」。

　　原因是琉球宮古島的朝貢船遭遇暴風雨，而漂流到台灣東南部（屏東）八瑤灣。當地原住民是排灣族，他們一向仇視性喜掠奪、虐殺的支那人。所以當琉球人漂流到他們的地方，就被他們誤認爲支那人而進行攻擊，殺害五十四人。

　　逃過一劫的十二名琉球人，被漢人護送到福州，翌年六月回到琉球那霸。

　　獲悉這件事的日本駐天津公使柳原前光（大正天皇生母柳原愛子之兄），立刻向日本外務省詳細報告。接到報告的鹿兒島縣參事大山綱良非常憤慨，要求政府出兵台灣。

　　一八七三年八月二十三日，樺山資紀陸軍少校和兒玉平輔海軍上尉，加上其他二名軍官，爲了偵察原住民的情況，

在台灣東北部的蘇澳，會見了布杜瓦社的泰耶族頭目。樺山等人一時計劃佔領花蓮平原，後來計劃變更為參加牡丹社的征伐軍。

關於牡丹社出兵的問題，當時日本政府內部意見分歧。木戶孝允、岩倉具視、伊藤博文、大久保利通、井上馨、澀澤榮一等由國外考察回來的一組極力主張非戰；而大隈重信、板垣退助、桐野利秋、副島種臣等人則主戰，征台論引發朝野的騷動。

結局，明治天皇下令任命副島種臣為全權大使、柳原前光為副使，向清國政府展開交涉。

清國對事件表示「與我無關」

副島全權大使以祝賀同治帝親政及交換《日清修好條約》為名，進入北京。

由於謁見皇帝的禮儀問題，和清國的總理衙門（軍機大臣）發生衝突。清國方面堅持日本和中國同文同種，在皇帝面前應一視同仁，行「跪拜之禮」。

副島則以為行「跪拜之禮」是屬國向宗主國的禮儀，日本和清國沒有這種關係，立刻斷然拒絕。他和各國駐北京公使一樣，謁見同治帝之時，先站著「三揖手」，再呈遞國書致賀辭後，迅速退出宮殿。

各國公使對他這種將清國視為平等國家的立場十分讚賞。在這件事以前，乾隆皇帝時代，也因為英王喬治三世

馬戞爾尼晉見乾隆

的特使馬戞爾尼（Macarthey）謁見時，清國要求英使行「三跪九叩」禮而被拒絕。此後，西洋各國對這個禮儀之邦的「禮」，不斷地發生衝突事件。

　　在此以前，各國從未像日本代表這樣的態度，日本完全表現出自立自主。後來，各國公使也就停止謁見清朝皇帝了。

　　六月廿一日，副島回國前，派柳原副使拜訪總理衙門，與清國大臣毛昶熙、董恂進行會談。清國大臣口頭上稱「台灣東南部的生番（清國對反抗的台灣原住民的稱呼）乃化外之民，為清國政府政教不及之處」，意在藉此逃避責任。總之，清國對台灣問題採取漠不關心的態度。

　　柳原副使就聲明：「如此，懲罰其凶惡乃是開化政府之當然義務。」

　　獲悉這個消息的日本政府反戰派岩倉、大久保等人，也改變態度支持征伐。征台大勢已定，一八七四年二月，日本政府設立台灣蕃地事務局，由大隈重信任總裁，總指揮官是台灣蕃地事務都督西鄉從道陸軍大輔（次官）。

　　從「台灣事件（牡丹社事件）」到「出兵台灣」的決定，是副島處理大久保利通和大隈重信爭論「台灣問題」（征台論）與「朝鮮問題」（征韓論），而和外務省顧問李先德（前美國領事）、柳原前光、鄭永寧等「副島派」商議的結果。決定之後再由大久保和大隈聯名，向內閣提出〈台灣蕃地處分要略〉九條，並經閣議通過成為國策。

　　其中第一條指出，針對被清國視為領土之外的「無主土地」的台灣原住民地域（蕃地），為「報復」殺害琉球人的土著而「出兵台灣」。此外，討蕃也不忘同時撫育（保護）現地人。

　　同年四月，西鄉從道率領陸軍少將谷干城、海軍少將赤松則良，以及五艘軍艦、十三艘船和三千六百名士兵遠赴台灣。從道的大哥西鄉隆盛──這位明治維新的大功臣，也組織一支以士族為中心的三百人編成信號隊，支援其弟出征。日本征伐牡丹社，也獲得三菱財團的始祖岩崎彌太郎的船隻支援。

西鄉從道

清國盛讚日本出兵台灣

　　中國進入一九九〇年代後，就流行著日本從一八四七年出兵台灣、併吞琉球起，開始侵略中國的論調。這根本是無中生有的捏造歷史。中國從一九八九年的六·四天安門事件餘波盪漾之際，中國文化人為了轉移人民的視線，故意煽動「反日」的情緒。

　　事實上，日清之間在結束出兵台灣終結的北京會談上，清國政府是正式承認日本出兵為保民「義舉」，而且在「互換條約」上也有明確記載。西鄉從道由台灣退兵之際，清國海軍還施放禮炮歡送！清國政府大大歡迎，而與「生蕃」對立的漢族住民也是熱烈歡迎。「侵略」云云，實在是胡說八道。

　　北京會談結果，琉球的罹難者被歸為「日本國屬民」，清國對被害琉球人和日本出兵的軍費，支付五十萬兩「撫卹銀」給日本政府。

　　另外，清國提出對台灣主權的主張。清國在北京會談上，以名目上琉球一向同時屬於清國和日本，但實質上早為鹿兒島薩摩藩主島津所支配的琉球為日本國所屬，換取日本非正式承認台灣為清國的屬地。

　　實際上，一向不認為台灣西部的一部分（全台灣島的三分之一）不受清國實質統治的列強各國，承認台灣的主權屬於清國，清國的收穫更大了。

　　一八七四年十一月十日上海《申報》的社論，有以下的論述——相對於日本出兵的軍費三百萬～四百萬兩，而清國才支付日本五十萬兩，清國巧妙地利用了日本，用最小的金錢換取了全世界對台灣主權屬於它的莫大利益，進而防止了列強對台灣的輕舉妄動——盛讚清政府的外交勝利壯舉。

　　日本政府從清國得到的五十萬兩，換算成日幣為七十七萬圓。比起遠征台灣的費用約三六二萬圓，加上購買運兵船隻一共七七一萬圓，成為日本政府財政上的莫大負擔。

　　然而，清國對台灣主權的解釋完全錯誤，從史料看就一目瞭然。十九世紀的萬國公法上，台灣的所屬尚且不明。何況，清代編纂的正史《明史》裡，更是明確記載台灣屬於日本所有。

　　有人認為，日本「出兵台灣」，表面上是「討蕃撫民」，實際上是想「把福爾摩沙島（台灣）的一部分併入日本」的陰謀。這根本是一種胡說。

　　當時的領有國的狀況不明確，十九世紀末列強各國對台灣才有虎視眈眈的機會。

　　清政府當初堅持琉球與台灣是自己的屬國，但是在「條款」簽字後，卻一掃過去琉球向清國朝貢的宗屬關係。日本也在一八七九年四月四日廢除琉球藩，改置沖繩縣。這就是所謂的「琉球處分」的實況。從此，琉球藩主消滅，清朝的冊封體制也告終結。

二、把日軍當作解放軍來迎接

支那兵殘暴的屠殺與搶掠

　　戰後打著「反日抗日」的台灣歷史書上，談到日軍最後一定加上一段：「燒殺擄掠、強姦婦女」，這簡直和科舉考試的「八股文」一樣。歷史的敘述上也用上這些文句。

　　明治時代的日本兵軍紀嚴明。從原始資料看，支那兵「燒殺擄掠、強姦婦女」的暴行紀錄倒是累積了不少。

　　有關日本軍進入台北城，有許多紀錄可循。支那兵和日本軍比較之下，支那兵的違法亂紀即可一目瞭然。

　　一八九五年四月十七日，馬關條約締結之後，台灣的有力者反對台灣割讓給日本。他們和李鴻章的政敵——兩江總督張之洞連絡，接受法國海軍將領的建議，用盡最後手段擁護清國的台灣巡撫唐景崧，火速地建立「台灣民主國」繼續抵抗。

　　「台灣民主國」從建立的時點看，是十分不成熟的組織。因此，一經登陸台灣北部澳底的北白川宮能久親王所率的近衛師團打敗，民主國政府就喪失鬥志。前面所信誓旦旦要抵抗到底的誓言也就被風吹散，總統和將軍們都連夜逃歸

大陸去了。

能久親王

　　被遺棄士兵們憤而搶奪無政府狀態的台北城內庫銀，市民也搶奪糧倉和武器庫，雙方打成一團，台北城內淪為阿修羅地獄的狀態。

　　當時，台北城內的守軍約二萬人，北部的清兵約五萬人，日本軍的前哨部隊不過五百兵力。清兵的武器絕不比日軍還差。但是指揮官卻全部逃回支那，被留下來的士兵群龍無首，只好把怒氣發洩在台北市民身上，引發人民的不滿。

　　支那兵同時也是烏合之眾，不肯接受辛苦的訓練。駐屯台灣的大陸支那兵三年或者一年輪調，其中很多人還鴉片中毒。

　　清國人姚錫光的《東方兵事記略》所述，唐總統逃走後的台北城內陷入混亂狀態，他說：

　　　「前敵潰兵入城，城中大亂，滿地積屍和傷患，而廣勇（廣東兵）和土勇（台灣兵）互相殘殺，哭聲鼎沸，未幾撫署起火，景崧微服混於弁勇中逃出。」

　　　「唐景崧的散兵游勇沿途搶劫，蕃庫猶存銀二十四萬兩，卻在劫奪互鬥中，庫中屍體四百餘云云。」

　　（台灣編第九）

　　姚的敘述比較抽象，美國記者戴維遜的《台灣島的過去與現在》書中，就比較具體地描述城內的狀況。後來，他擔任美國首任駐台灣領事，駐台有九年時間。他的描述如下：

　　「八名議員和家屬為了到本國避難，沿淡水河到滬尾（淡水），留下錢的人日夜恐懼地哀號，慘被殘忍的群眾搶劫。自欺欺人的共和國四日天下，一下子消失。總統為了逃走，在衙門向衛兵分發五萬美圓的買路錢。聞訊而來的其他士兵一擁而上時，總統已經『落跑』了。他們最後的手段就是放一把火燒掉衙門。」

　　「住民活在數千支那兵與市井無賴的自由放任下。不久天暗，只剩下幾百和平與等待黎明的支那人低聲囁語。」

　　洪棄生的《台灣戰記》（上卷）詳細描述了唐總統的逃亡過程。他敘述道：基隆守備營官李文魁帶著敗兵回台北，逼迫總統出戰。唐總統一面安撫他，假裝督戰而逃亡。李文魁一怒之下搶劫庫銀。他的軍隊頓成散兵游勇，搶劫台北城。

　　支那兵的燒殺擄掠使台北成為修羅地獄，台北城民期待日本軍趕

李春生

快把支那兵趕走。台北大稻埕的茶商李春生和士紳們集會，派出辜顯榮去迎接日軍。同時又央求戴維遜等人到十里外的日軍陣營，請求日軍迅速入城救援。戴維遜描述說：

　　「日本人入城後，支那人立刻豎起白旗，或者粗糙地製造像日章旗那樣的大紅圓心白旗。此外，艋舺（萬華）的人歡迎新來的勝利者，家家打著『日本良民』、『我等同一國民』、『我等把貴軍當朋友歡迎』等文字的大旗。」

　　「當時的貨幣都是銀幣，掠奪者搶到的銀子也因為太重而搬不動。根據當時的報導，衙門被搶掠後，群眾爭先撿拾掉落滿地的銀子，而搜索街道。」

　　「數千名支那兵把他們的槍以二、三仙賣掉，彈藥等沒有價值的東西，通丟到城外的田裡。最新型的威斯切斯塔連發槍，一支也賤賣到一美圓以下，彈匣散落滿地。」

　　在如此混亂之中，近衛師團第一連隊長小島上校率領五百名先遣隊威風凜凜地入城。這時在城內施暴的支那兵，早已脫掉軍服化裝成良民，匆匆逃向淡水河去了。他們又開始搶奪船隻，船隻運載過重又溺死不少人。日本軍兵不血刃的入城。

　　奪船成功逃回對岸的支那人，末路更加悽慘。據福州方面的報導，沒人理會的婦女被人以八美圓賣給政府，小孩子

則被遺棄。

台灣的抗日英雄簡大獅，被清國政府逮捕並引渡給台灣總督府，再予處死。實際上在台灣「殺人、搶掠、放火、姦淫」的正是以「反日抗日」自居的支那人。

台北及台南市民渴望日本軍來救援

樺山總督率領大島少將、水野遵民政局長、角田海軍上校、兒玉工兵上校以下的僚屬，一起於一八九五年六月十四日進入台北城。當時的狀況紀錄如下：

> 「細雨霏霏，道路泥濘難行，台北市民身穿白色禮服，手執小旗，所謂簞食壺漿以迎總督。下午六時，火車（中途二次脫軌）抵達台北，市民跪在道路兩旁，樂師齊奏大鼓、銅鑼、篁笛等，表示敬意。」

總督府以布政使衙門為廳舍，六月十七日的始政式於總督府中庭舉行。招待近衛師團長北白川宮及文武百官、外國領事、外國人、本地士紳等八十多人。宴會中除了松嶋號軍艦的軍樂隊以外，還有台灣人的樂隊共襄盛舉，熱鬧滾滾。

日本軍進入台北城後，出席始政式典禮的，包括日本陸、海軍四百餘名、文官一五〇名、外國人二十四名、台灣士紳八十人。台灣人的鼓吹樂隊也在日本海軍軍樂隊之後加入演奏。

清國兵也掠奪台南市民，和掠奪台北的方式如出一轍。唐總統逃亡後的台灣民主國最高元首，是黑旗軍的領袖劉永福。劉也看情勢不妙，藉口到砲台巡視，摸黑帶家人逃上英國船爹利士號，溜回廈門去了。

八重山艦追趕爹利士號，由天亮到十時集合全部乘客於甲板，一一核對劉永福的相片，卻找不到人。一般說法是劉永福拿九千圓收買船長，把他藏在船長室內。也有人說是把他藏在煤炭庫或水桶裡。

巴克禮

翌日，聽到首領逃走的支那士兵們，也開始搶劫台南市民。台南士紳只好央求基督教長老會的巴克禮牧師做為台南市民代表，到乃木希典將軍的營帳請求支援。日本軍也同樣進入台南城，阻止支那兵的暴行。

日軍進入台南城後，城內的兩廣會館舉辦平定宴會。參加者有樺山總督、高島鞆之助副總督及數百名的台南市民代表，共聚一堂。

在支那人搶掠後的日本軍入城，仍然受到如此的熱情。地方人士提燈遊行，村民提供情報，展開全面的歡迎。

戰後的台灣史家，大多捏造日本人領台初期，台灣人如何燃起反日抗日的怒火及歷史。然而。數日前才王朝交替，使得台北及台南市民從向左向右、左顧右盼，一變為歡天喜地迎熱鬧似地歡迎日軍。尤其那個時代還沒有明確的國家或

民族觀念，漢民族又何嘗不是如此？

　　日本領台戰役能夠兵不血刃地進入台北與台南，成為支那軍司令官逃走後改善治安的救世主，當然受到市民的歡迎入城。

　　同樣的情況也發生在明朝末期的支那。北京與南京歡迎八旗軍入城，市民列隊歡迎滿洲八旗軍，拿著「順民」的黃紙，燒香迎接王師。

　　回答這個疑問，就非得談到什麼是民族與國家不可。中國學者主張，台灣早在二千年前就有二萬中國軍隊，為祖國而駐留台灣了，中國軍人堅稱台灣是祖國絕對不可分的一部分。

　　然而，這完全是想像交織的台灣史，台灣史上從未有過民族或國家可言。成為近代國民國家，非先談「民族」不可。至少，從近代史的範圍看，沒有近代國民國家，也就不可能有民族成立可言了。

　　極端地說，民族是近代國民國家的產物。用愛國主義的筆法去談過去的反日抗日英雄史，不過是想像下的作文罷了。

福島安正的《淡水新政記》所描述的台灣市民的歸順

　　與樺山資紀首任台灣總督同搭乘橫濱丸來台灣接收的文武官員裡，以後和台灣的關係密切，並在日本近現代史留下

姓名的人也不少，福島安正是其中的一人。

　　福島因單騎飛馳西伯利亞一萬六千公里成功，具備冒險精神的軍人而聞名於世，同時也是奔赴世界各國考察，了解國際情勢的勇士。一九○○年義和團事件時，他以少將身分率領日軍參加八國聯軍進攻北京。

　　他在一八九五年接收台灣後，以陸軍上校身分，奉陸軍部命令到台灣實地調查。

　　福島在二個星期內擔任淡水司政官職務，後又匆匆回國覆命。他留下了《淡水新政記》。當時，福島上校四十五歲，對於日本新統治的土地，而且是台灣出入門戶的淡水，留下了最好的風土民情的見證。

福島安正

　　福島搭乘「浪速」軍艦，於一八九五年五月二十二日從長崎出發。二十五日在淡水港外停泊，翌日台灣民主國的黃虎旗升起來，並發禮炮二十一響。福島在確認登陸地點後，再到三貂灣等待樺山總督的來臨。日本軍佔領基隆後的六月五日，福島和憲兵、通譯官同乘「八重山」軍艦，駛向淡水佔領海關。

　　佔領淡水當日下午，日本人降下黃虎旗而升上日章旗。淡水在二周內（六月九日～二十五日）實施新政。

　　福島向樺山總督逐次報告施政內容。

　　首先把幾千名清國敗兵遣返中國、測量街市、製圖、戶

口調查、開設市場、開設台北淡水之間河川的定期航線、調
度糧食、設立衛生機構、成立地方委員會、訓練新兵、設立
派出所、設置垃圾處理場、設置公共廁所、任命村長、頒授
日章旗、調查租稅等等。

　　以下是日記的大略介紹：

　　六月九日　遣返千餘名清國敗兵回國，憲兵檢查他
們的行李，讓他們搭上英國船送返對岸。接受敗兵的
投降很忙，連吃飯的時間也沒有。尤其下午到黃昏之
間，各村代表不堪忍受敗兵及土匪的搶掠，向我陳情
要求迅速鎮壓。

　　六月十日　公布日本通貨與清國通貨的兌換表。爲
戶籍調查一事，雇用三十六名本地人去買食物，並擔
當室內打掃與煮飯。新庄的住民密告說，庄內的陳桂
楊等十四人組成強盜集團。我迅速派一名憲兵和十一
名士兵去調查，那些人已經逃走了。

　　六月十二日　向樺山總督拍發電報，報告昨天已遣
返一千七百多名清國兵登船。淡水與台北間的定期船
開航。決定布施十五石的貧民救濟米，製作一千五百
張領米收據。

　　六月十四日　選拔巡查補二十名、街區長三名，制
定巡查補錄用規則五條件。富有者自費回國，貧者
二十六人由日本方面買英國船票送他們上船回國。

　　六月十五日　公布清潔法。等待遣送的清國兵集合

在碼頭，英國船因故障延期一日。發給清兵每人米一
石。清兵集合地點極爲不衛生，強迫他們打掃，不聽
命令者則以槍枝強制。淡水市街戶籍調查完畢，計一
○一九戶。巡邏兵確認有一名清兵死亡，命令五名清
兵將其埋葬。清兵對同胞的死亡毫不關心。（作者註：
福島上校登陸當時，只有四、五戶民家掛著日章旗表示歡迎，最初他以為
是拍馬屁的。淡水河開通後，所有的船隻都掛上日章旗了。）

　　六月十六日　發給清兵三○八人乘船券。開始訓練
巡查補。午後，遣返清兵三五○人。支付工資給雇用
的苦力十五人、木匠十人。

　　六月十七日　樺山總督在台北舉行始政式，也有盛
大的閱兵典禮。淡水港外的軍艦鳴放二十一響禮炮。
今日起對憲兵實施台灣語教育，對巡查補實施日語教
育。

　　六月十八日　台灣總督府下達〈關於取締日本勞動
者之通告〉。日本勞動者強入民宅搶掠財物之不法
行爲的發生，非但紊亂軍紀，並且有損帝國之威信、
國家名譽，下令竹林少尉強化取締、嚴屬管束所屬勞
動者。勞動者衣著自由，但禁止赤裸上半身上街，違
反者由憲兵取締。爲遣返殘留清兵，向三艘中國船
交涉，其中一艘開往溫州船隻可搭載六十人，每人發
給二・五圓船費和米。另外二艘可搭載一三六人及
六十二人，每人發給一圓和米出航。清兵至此已完全
遣返。二名逃脫者被捕，一名是江西人，四十四歲，

業裁縫，另一名是二十歲，農民。

六月十九日　完成乙地區戶籍登記簿。戶數五六○戶，人口二三六○人（男一二四○人，女一一二○人），鴉片商及煙館十三戶，妓女戶二十一戶。

六月二十日　完成甲地區戶籍登記簿。戶數四六六戶，人口一五○二人（男九四一人，女五六一人），鴉片商及煙館二十三戶，妓女戶十九戶，旅社一戶。

六月二十一日　準備設置公共廁所，市內禁止養豬，嚴禁鴉片、賣淫等不法行爲。

六月二十二日　召集十三庄的約首（村長）訓話，授與國旗，訓話後發給每人三圓，皆大歡喜。

福島上校在六月二十五日離開淡水回國，這個記述讓我們目睹了百餘年前淡水街政權交替的一幕。

西班牙人在十七世紀初興建淡水城（紅毛城）。台灣第一個醫學博士杜聰明生於淡水，撰寫這份日記時杜博士才三歲。李登輝前總統也出生於此（三芝），他的父親（李金龍）是巡查出身的。

從這份日記上可以看出，市民非但沒有反日抗日的行動，反而歡欣鼓舞地接受新政權。

第 2 章

台灣不是日本的殖民地

一、台灣割讓給日本
是時代的必然

日本人為爭取生存權而進出海外

因為牡丹社事件的發生，最堅持反對日軍「出兵台灣」的人，是木戶孝允。木戶當時是參議兼文部卿，他拒絕為出兵背書，更以「紊亂內外緩急之秩序，天下人心終必渙散。臣實為朝廷憂，若不將此事止於外藩之民誤蒙殘暴」為理由，憤而辭去職務。

同時，伊藤博文也表明不贊成出兵。他在寫給岩倉具視的信中表示「如此扭曲吾人，心中實感不安」，對日本政府的台灣政策表示戒慎恐懼。和他同樣看法的三條太政大臣與岩倉大臣，也都表明辭意。

然而時代會轉變。二十年後的甲午戰爭期間，隨著時代的變化，伊藤博文的意志也轉變，成為日本主戰派的領袖。日本戰勝清國後的

木戶孝允

一八九五年四月十七日締結《馬
關條約》，遼東半島、台灣、澎
湖群島就永久割讓給日本。

　　德、法、俄三國接著出面干
涉，逼迫日本交還遼東半島給清
國，而台灣卻成爲半個世紀的日
本領土。

　　在馬關條約交涉中擔任要
角的陸奧宗光，更在他的《蹇蹇
錄》裡指出，最堅持主張台灣割

伊藤博文

讓的是西鄉從道。從道是明治維新大功臣西鄉隆盛的弟弟，
西鄉隆盛在西南戰爭戰敗後自殺的翌年（一八七八），從道升
任「參議」，第一次入閣擔任文部卿。一八八五年，他在第
一次伊藤博文內閣時以陸軍中將出任海軍大臣。此後十多
年，從道爲日本海軍的建軍付出
巨大的貢獻。

　　甲午戰爭中的一八九四年
十一月，日本攻佔旅順。十二
月，伊藤博文召開大本營會議，
就已經主張佔領台灣。伊藤的
南進論和樺山資紀等海軍方面一
致。所以，一八九五年元旦，才
有大本營編列混成旅團進攻台灣
的澎湖群島的行動。

西鄉隆盛

三月十五日，海軍中將伊東祐亨率領聯合艦隊，以及陸軍編列的混成旅團於佐世保軍港出發，三月二十日到達澎湖海面；三月二十四日，日軍和清軍激戰後，終於成功佔領澎湖群島。

四月十七日，甲午戰爭的善後工作決定了馬關條約的締結。日本在締結條約時，已經在澎湖群島立足，並主張割讓台灣。

回顧日本的南進論和北進論的源流，可以追溯到明治維新前的各種「經略論」。明治維新以後，海軍與陸軍成為南進和北進的主角，與朝鮮交換國書所引起的激烈「征韓論」最為有名。

因為征韓論失敗而下野的西鄉隆盛、板垣退助、江藤新平等人，直到西南戰爭（一八七七）為止，日本無法避免一連串的動亂。一八七一年的牡丹社事件發生時，征台論又取代了征韓論引起很大爭議，副島種臣、大久保利通、大隈重信、西鄉從道等人成為征台論的主角。結果，征台派在馬關條約締結後，以實力強行處分琉球。

倡導南進論和北進論的有力者們，他們的論據是為防衛西風東漸、西力東來（西歐勢力威脅亞洲），日本必須以武力獲得海外的資源和市場，非參加列強的競爭不可。這就是爭取日本人的生存權的論爭。

北進論的假想敵國是超級大國俄羅斯，他們恐懼俄羅斯東進與南下，造成目前的威脅。日本為了排除俄羅斯的威脅而戰，非進出朝鮮、滿洲，以及出兵西伯利亞不可。

　　南進論的假想敵是英、美及法、德等歐美列強。因此，日本必須要進出台灣、福建，以及南洋。

　　當然，不論南進或北進，為達成目的必須加入瓜分老大帝國支那、經略支那，西進成為不可或缺的必要。

北進、南進議論的白熱化

　　日本從江戶末期，就已經出現了經略支那的觀點。相對地，清國也為了富國強兵，極力推行洋務運動而指向經略倭國。雙方都互相虎視眈眈地看著對手。

　　日本的支那經略論代表人物是農學家兼經世思想家的佐藤信淵（一七六九～一八五○）。他主張以強力的中央集權制及絕對的重商主義來統一國家。佐藤在《支那經略論》書中強調：「皇國所能容易攻取之地，除支那國滿洲之外無他。」

　　此外，吉田松陰（一八三○～一八五九）的經國大計也主張：「北取滿洲，南治台灣、呂宋諸島。」一八五五年，吉田在給哥哥的信中指出：「容易攻取的是朝鮮、滿洲、中國，如此因受到俄、美交易而蒙受的損失，即能從朝鮮、滿洲的土地獲得補償。」

　　另一方面，眼見日本在甲午戰爭中佔優勢，福澤諭吉就開始主張議和條件為朝鮮獨立與割讓日本佔

吉田松陰

領地。接著，在馬關條約之際，他更進一步主張日本要求割讓台灣，因為那是防衛琉球邊境上不可欠缺的地域，因而是日本帝國安全保障的「正當防衛」要件。

尤其要指出，琉球處分後清國加強台灣的防衛，必須戒備清國對琉球的威脅。為了徹底根除清國的野心，割讓台灣成為最必要的考量。

福澤主張「脫亞入歐」，那是對支那與朝鮮的失望及絕望所呈現的不信任感所致。他指出：「支那數年來，在外交上完全不顧信義。」「為了自國的利益，往往言不及義使盡卑劣手段，並不以為恥。」

明治國家最大的啓蒙主義者之一的福澤諭吉，他的主張對日本政府影響十分巨大。

維新後的日本，就針對進出中國大陸和北進、南進的議論，展開白熱化的論爭了。

二、日本的台灣經營不是殖民地支配的理由

台灣經營引起激烈的殖民地論爭

甲午戰爭後的馬關條約，清國把台灣永久割讓給日本。

　　從那一刻起，日本朝野對於如何經營新領土，以及台灣是否是「殖民地」即意見分歧。

　　當時，對明治政府有極大影響力的人，是司法省的英國顧問蒙提達‧卡考特和法國顧問米歇爾‧魯邦，這二位顧問對如何經營台灣持有完全不同的意見。

　　概而言之，卡考特舉的是英國人經營香港與印度的例子。魯邦則拿法國經營阿爾及利亞的模式，以內地延長政策將新領地化為州縣，進行同化政策。

　　當時的明治政府儘管有著「處分琉球」的經驗，憲法上卻沒有「領土變更」的明文規定，導致政府內部的意見呈現兩極對立。第二次伊藤博文內閣時，於馬關條約締結後的一八九五年六月，在內閣設立研究台灣統治制度的機關——「台灣事務局」做為因應。

　　但是，台灣事務局內部對於統治台灣的意見分歧。例如：制定〈勒令台灣總督府條例〉之際，總督是否只限於現役武官便成為問題。八名委員當中，贊成的有川上操六（參謀本部次長）、兒玉源太郎（陸軍省次長）、末松謙澄（法制局長官、伊藤博文的女婿）、田尻稻次郎（大藏省次官）等四人。

　　另一方面，原敬（外務省通產局長）、田健治郎（遞信省通信局長）、伊東巳代治（內閣書記官長）、山本權兵衛（海軍省次官）等四人，則主張採取法國殖民地經營方式的同化主義，台灣總督和內地行政官一樣，必須任用文官。

　　原敬參考了卡考特和魯邦兩位顧問的意見，於一八九六年一月特地拜會了伊藤總理，提出關於統治台灣的基本方

針──〈台灣問題二案〉。這是成爲日後「台灣制度」原案
的重要案件，內容如下：

> 甲案　將台灣視爲殖民地。
> 乙案　即使台灣和內地的制度多少有所差異，也不
> 　　　視爲殖民地。

原敬

原敬認爲「台灣不是殖民地」、
「不能視爲殖民地」，而推動乙案。
原敬的基本想法是，新領土的台灣，
應當與普法戰爭後，戰敗的法國割讓
亞爾撒斯、洛林地方當作省一樣，不
當作殖民地而當作內地延長的州縣，
例如像九州那樣。

最後，伊藤的裁定，決定用敕令
武官總督制。當時的決定，是基於領
有台灣當初的台灣住民以大規模武力抗爭的客觀情勢。

但是，政府、政黨相關者、學者之間的各種議論紛紛。
無論他們的意見如何，對於「殖民地」台灣的理論和實際的
如何經營台灣，都沒有一定、一貫的政策及方針可言。天皇
也沒有提到「一視同仁」。這也是當然之事，因爲台灣是明
治國家第一個獲得的海外領土。

甲午戰爭當時，「脫亞入歐」的思潮正盛行於日本。
然而，白種人對黃種人，尤其是日本、中國、朝鮮的東洋三

國，這種同文、同種、同俗、同洲的時代認識也十分強烈。因而，以殖民地經營言，出現了以白人模式的殖民地，或內地延長的新領土觀的二種見解，也就見怪不怪了。

持地六三郎的《台灣殖民政策》（一九一二，第三十五頁）指責：

> 「領有台灣當時的伊藤總理兼台灣事務局長，對首任台灣總督樺山資紀，並無十分充分的指示可言。訓令只不過以大綱的形式下達，沒有細目的詳細內容。它的內容不過是割讓手續和行政組織的大綱，毫無當前急務的應對政策，換句話說，殖民地的政策並不重要。」

領有台灣二年後的一八九七年四月中旬，伊藤在東京台灣會的公開演講裡，得意地表明了台灣經營成功的內容，他說：

> 「在台灣奉職的官吏和在台灣有利益的諸位，不要壓制台灣人，要讓台灣人同沐利益均霑之福。佔有台灣有二個目的，乃是日本把領域向海外擴張的歷史最初的壯舉：（一）日本人是否能夠統治域外的人民？（二）萬一失敗，則『日之丸』旗失去其光彩；此後，日本能否在地球上保持國格也成問題，以此與諸君共勉之！」

　　相對於伊藤博文之自由主義的放任政策，當時的外相大
限重信則堅持在台灣屬行「國家主義」——即是「帝國主
義」政策。

關於日本帝國實行於台灣的「六三法論爭」

　　日本的新領土——台灣的經營，當時以原敬爲代表的
「非殖民地」論的人也不少。此外，領有台灣（一八九五）至
日俄戰爭結束（一九○五）爲止，日本歷任的總理大臣也把台
灣當作「新領土」，而不當作「殖民地」看待。

　　然而，到了一九○五年，曾經擔任第二任台灣總督一
職的桂太郎在組閣後，面對議員質問，他回答台灣是「殖
民地」，引發了第二十一次帝國議會的殖民地論爭。當時，
守屋此助議員追問桂總理說：「說台灣是殖民地是一大事
件」，而緊迫盯人。他質問道：「那一個內閣也沒有把台灣
當作殖民地」、「因此，把台灣視爲殖民地一事，是內閣何
時決定的方針。」

　　政府委員一木喜德郎的答詢說：「殖民地是一般人的認
定。總之，台灣無法實施和內地同樣的制度，非以特別的制
度統治不可。」

　　在日本議會所引起論爭的，是日本至此只想把台灣當成
內地的延長，而政府卻無固定政策可言。它的證據，竹越與
三郎也發言指出：「朝野間無一定見」、「吾人如今惟有不

憚地斷言台灣是殖民地」。接著，他又要求說明「什麼是殖民地？」引起議場內一陣「什麼傻話！」、「那來如此的愚論？」、「偉大的解釋！」各種叫罵聲飛馳交織，引起議場內的騷動。

台灣果真是「殖民地」嗎？這個論爭包含兩個層次：一個是帝國憲法是否適用？護憲派人人強烈反對在殖民地適用憲法的「內地延長主義」，同時也把朝鮮半島扯進來，不視為「內地」。另一個是新領土的現實經營問題。

這兩個密切相關的問題，引發激烈的憲法問題論爭，再把論爭的焦點導向「六三法」。

戰後，中國人撰寫的台灣史著作裡，千篇一律把六三法當作「惡法」、暴虐的殖民地統治象徵、「惡名昭彰的」六三法等解釋，完全是違背事實。

「六三法」是一八九六年發布的〈法律第六十三號〉。當時面臨了帝國憲法與國內法制度如何落實在新領土台灣施行的問題，以及如何統治新領土的基本方針等論爭，伊藤內閣在帝國議會上，提出以三年的立法時限為條件，通過「關於施行於台灣之法令的法律」。這個法案以一八九六年法律第六十三號形式頒布，故稱「六三法」。

與此同時制定的，還有〈台灣總督條例〉，規定台灣總督的任用資格僅限於武官的陸海軍上將或中將，並賦予總督有陸海軍的統帥權與用兵權。

美濃部達吉、穗積八束等憲法學者和法學界人士，都認為「六三法」違憲，並指出其變則為違法，予以糾彈。任何

美濃部達吉

一國也都沒有在殖民地實施憲法的例子可循，在台灣施行憲法是完全的錯誤。如果，台灣不是殖民地，當然適用帝國憲法。但是，台灣總督被賦予發布有法律效力的律令發布權，他們主張這是明顯地違反憲法。

「六三法」的論爭，當時只不過是針對憲法的解釋而已，但卻使台灣統治政策論爭浮上檯面，影響日本政府對台灣與朝鮮半島的統治政策頗大。

台灣住民的歷史、民族、風俗、語言、文化與日本內地完全不同。因此，有必要在台灣實施特別規定的統治。所以，基於帝國憲法的時限性立法的「六三法」，也就非立法不可了。

然而，這依然沒有解決台灣是「殖民地」或「內地延長」的論爭。花井卓藏議員在第二十二次帝國議會上發言：「台灣不是殖民地，而是新領土！」吉植庄一郎議員立刻粗暴地回答：「台灣是殖民地！」

一九○○年八月八日創刊的《台灣民報》（在台日本人刊物，與1923年台籍人士創辦的報紙同名，但無淵源）創刊號上，極力反對以「六三法」為基礎的「總督府政治」；主張台灣和內地一樣，不可視為殖民地。反總督府政治勢力動作頻頻，向日本中央政界的各種勢力連絡，揭發總督府的弊政，成為總督府

政治的一大牽制勢力。

　　一九一〇年的貴族院委員會上，當時的總理桂太郎就言明，台灣當然需要日本憲法。第八任總督田健治郎在他的上任訓示中，也明白表示：「台灣是構成帝國領土的一部分，當然是隸屬於帝國憲法統治的版圖。」

日本政學界的台灣論——福澤諭吉

　　另一方面，政學界也是各種議論紛紛。

　　福澤諭吉在《時事新報》上留下許多關於經營台灣的寶貴主張。把他的思想與言論濃縮起來，看看他的台灣觀和台灣論吧！

　　馬關條約締結後，福澤獲悉台灣容易生活的熱帶氣候及豐富天然資

福澤諭吉

源，就考量如何將日本內地居民大量移民台灣的可能性，主張非在台灣建立「新日本國」的計劃不可。因為受到氣候條件所制約的遼東半島，不適合移民。

　　領台當初，儘管台灣有武裝游擊隊抵抗日本，但那只不過是暫時的一種過渡時期特有的現象罷了。游擊隊可以用軍隊鎮壓。當前的急務是儘快決定如何經營及統治台灣的策略。（福澤於一八九五年四月二十日、五月二十二日、八月十一日的《時事新報》上所提出的台灣處置言論）

　　福澤對台灣統治、經營的方法，舉出二種類型：第一、像英國統治印度那樣，尊重原有的風俗民情而放任之，母國只坐享其成。第二、像白人開發美洲大陸一樣，文明人徹底從根樹椏開始文明開化，即同化政策（一八九五年八月十一日《時事新報》上的〈台灣永遠的方針〉）。在這兩種模式當中，福澤選擇的是做為日本本土延長的同化主義。

　　當時代表日本言論界的媒體有《時事新報》（福澤諭吉）、《國民之光》、《國民新聞》（德富蘇峰）、《日本人》（陸羯南）、《東京經濟》（田口卯吉）等，都就經營台灣的主張或構想不斷地展開論戰。

　　福澤諭吉主張台灣是受惠於氣候的熱帶地方，盛產米、茶、砂糖等物產。台灣和九州的面積相近，農作物的收穫比九州多三倍。

　　如此肥沃的土地不能開發，因為當地住的是「蒙昧無知的野蠻人」，毫無殖產的概念。相對地，在寒帶地方的發展能夠進步和富裕的原因，是因為窮人子弟比富人子弟更加努力向上而成功。

　　福澤提出〈移民殖產論〉，主張勤勉活潑的日本人利用台灣無比的殖產便利，取代「野蠻人」推動殖產興業，將形成如虎添翼的成果。台灣的進步與發達拭目可待。文明的日本人一旦經營台灣，台灣的生產力將達到日本內地的二、三倍甚至四、五倍。（一八九五年八月十一日《時事新報》〈台灣永遠的方針〉、八月十三日〈氣候與殖產〉）

　　明治維新以後，日本由於文明開化而人口急增。甲午戰

爭前的十年內，每年人口增加四十萬人。福澤諭吉以當時的四千萬人口，預言六十年後將膨脹至八千萬人。因此解決人口過剩的問題，就是以海外的殖民殖產政策最為有效。

成為日本新領土的台灣，從氣候與產業發展上看，都是最適合日本人移民的好地方。台灣可以提供日本移民三百萬～五百萬人；尤其和台灣相似的九州，也因為人口過剩，如果九州的「文明人」能發揮潛在的台灣殖產能力，取代「蒙昧無知的野蠻人」，將可收一石二鳥之利。這是福澤的構想。

但是，為了讓大量的移民定居台灣，首先要整備產業，消除疫病。台灣必須成為完全適合日本內地人生活的新天地不可。

福澤認為日本人是「文明開化之民」，台灣人則是「蒙昧無知之民」；因此統治台灣必須屬行嚴刑峻法。另外，要遵循日本的國內法令，嚴禁吸食鴉片，並不准將鴉片帶入日本內地。同時，嚴禁男人留辮子與女人纏足。

領台初期，日本陷入游擊隊的騷擾，財政負擔陷入過重的泥沼。福澤在一八九六年就強硬主張嚴刑峻法。他認為不管住民，只求為土地經營的目的，對不服從的人採取強硬手段放逐境外，使其淪為「化外之民」或亡國之民亦在所不惜。

關於台灣總督的權限，陸羯南等極力主張置於議會的監督之下，而福澤卻相反地主張，應該賦予台灣總督臨機應變的權限。他更進而主張台灣統治要排除中央政府的掣肘。

總之，福澤強調台灣的特殊性。極端地說，他主張賦予新領土的台灣總督完全獨立的權限與全權的委託，乃至發布法律的權限。

只有非現實理想論的進步文化人士

另一方面，提倡賦予台灣自治權的學者及文化人也很多。它的代表人物是矢內原忠雄。

矢內原忠雄的《帝國主義下的台灣》，不但闡述了日本殖民地學說，也被各界廣泛引用為有關台灣殖民地時代的鉅

矢內原忠雄

著。從一九二九年出版以來，包括俄文、中文版的數種譯本都有。岩波書店更為紀念本書出版六十週年，而再次出版紀念版本。

矢內原是無教會派基督教徒內村鑑三的弟子。他承繼新渡戶稻造在東京帝大講授《殖民地學》，二次大戰後更兩度出任東京大學校長。這位學者也是有名的和平主義者，一生提倡反戰、反法西斯、反軍國主義，成為自由主義者的代表人物，留下許多有關殖民地的著作。

矢內原與當時台灣反日抗日活動家之一的蔡培火多次接觸，影響甚大。當時的台灣知識份子都把這本書當作「聖經」來崇拜，在當時苦惱與憂悶的台灣青年心目中，這本

內村鑑三

「良心之書」或「解放的書」達到極大的效果。說它是現在台灣知識份子的日本觀源流也不爲過。

台灣總督府時代的日本語教育與國民道德教育是同化教育，總督府政治是專制政治，矢內原的這種批判精神，緊緊地抓住了當時台灣知識份子的心。此外，矢內原又強烈批判日本帝國主義的一方面採取經濟和教育的同化主義，而在政治上卻排斥內地延長主義，只照顧日本內地人的利益。因此，他主張日本政府要承認台灣人的參政權，才能實現文明的殖民地統治。

矢內原並不把殖民地完全當作「惡」的一面看待。他認爲殖民是「促進人類經濟豐饒以及進步的」。這是當時許多支持人道主義的、和平主義的、反戰的文化人的看法，新渡戶稻造也把殖民評價爲「文明的傳播」、「地球人化」而滿懷期待。

戰後，日本的進步文化人主張「世界革命，人類解放，國家消亡」爲最高價值。然而，列強時代的價值意識與之相異，列強諸國的殖民地統治，列強的倫理使命，重點放在做爲先進國家的崇高歷史的使命和時代精神。殖民地並非列強的強大象徵。

法國人以「文明的使命感」自居來統治殖民地，美國人認爲是一種「不言而喻的使命」，英國人則以爲是「白人

的天職」。即使是中國人也把征服及教化其他民族視爲一種「德化」、「王化」。

　　矢內原在他的《殖民及殖民地政策》一書中，把殖民政策分類爲「從屬」、「同化」、「自立」三種，批判了從屬主義和同化主義的殖民政策，已如上述。他主張要像英國對澳洲、紐西蘭、加拿大那樣的自治殖民地統治，賦予殖民地自治權，既非同化也非分離獨立，和本國建立對等關係，才是理想的策略。

　　但是，理想主義的殖民地政策是極端非現實的。只靠人道主義並不能解決人的現實利益和權力鬥爭。戰後的國共內戰、韓戰、越戰等同一民族間的戰爭不止，內戰與革命的悲劇比殖民地的悲劇更加慘烈。

　　相對於現實的遠離，矢內原所代表的高格調基督教和平主義，當然引起了反論。同樣是殖民地學者的細川嘉六，就指斥這種依附於偉大的神的愛來保護和平，是一種從科學的世界昇爲空想的神明世界。

　　另一方面，主張容許台灣自治論的人當中，不只有殖民地論者，也有著名的小日本主義者在內。例如《東洋經濟新報》的要角三浦銕太郎（一八七四～一九七二），就基於民族自決主義而主張朝鮮與台灣自治。石橋湛山（一八八四～一九七三）提倡「拋棄滿洲，准許朝鮮、台灣獨立，並拋棄在支那所建立的種種特權、武裝的路線，和那些弱小國家共存」的小日本主義。

　　泉哲（明治大學、漢城京城帝大教授）批判日本統治朝鮮是「無

謀之至」、「世界史上稀有的失策」，他期待台灣自治能促使台灣人努力建設「地球上最完美的樂土」。

他們的主張在列強時代，只能算是一種理想。各國爭相成為強國，和弱小國家共存的理論非但不通，而且是一種非現實的空談罷了。

從歷史的事實看，非西洋各國都已經淪為殖民地或半殖民地的嚴重現實。為此，日本所能把握的選擇不論南進、北進或西進，都不能再以小國而必須以大國主義處之了。振興大日本帝國本來就是賢明之策；反之，如果日本淪為殖民地，可能只有靜待國家被瓦解的沒落之途了。

甚囂塵上的反總督府言論界

如此議論的矛頭，首先指向台灣總督府。

台灣總督府因權威強大而被稱為「土皇帝」，但是這種權力並非絕對的。除了第四任總督兒玉源太郎、第五任總督佐久間左馬太兩人是有八年和九年任期的有力者之外，台灣總督宛如走馬燈般的頻繁交接，呈現出不安定的狀態。

日本領台初期的歷任總督最頭痛的是——難治之民和鎮壓武裝游擊隊的抵抗。大正時代，正逢民主主義與民族運動及社會運動的覺醒，又加上平定高山原住民的種種難題。

台灣總督煩惱的不只是新領土的原住民的反抗或抵抗，總督更無法插手司法機關。對台灣總督獨斷獨行提出批判的人，背後更有一大堆司法官和反對派的國會議員做靠山。

　　十九世紀末的日本輿論界，普遍盛行民權思想，成為左右日本政治的一大勢力。這些人如果在支那，就會被用逮捕、坐牢、暗殺等手段從地球上消失；但是在日本卻不一樣，搞得總督府焦頭爛額。

　　台灣總督府對輿論界的每一句話都十分戒慎。例如：一九○○年八月，日本領台六年後創刊的《台灣民報》，一開始就正面批判總督府。這是日本人在台灣的報紙，非但沒有和總督府站在一起，反而成為批判總督府的一大言論機關。

　　《台灣民報》在它的創刊號宣言上，嚴厲批判台灣是日本領土而不是殖民地。台灣是埋骨之地，不該視為過往借宿之地。另外，它又和日本內地中央政界聯手發動內地新聞界，互相呼應來攻擊台灣總督府的弊政。這種言論在支那的輿論界根本不容存在。

　　《台灣民報》的主張及論調，完全和福澤諭吉及原敬所主張的經營台灣思想，即內地延長主義、同化主義一致，強烈地主張自治政治、反對總督專制、台灣不是殖民地而應該施行憲法。

　　《台灣民報》的小林勝民與荻原孝三郎也一再向國內的輿論界鼓動、擴大聲勢。因而導致一九○二年起《萬朝報》、《人民》、《獨立新聞》、《日本》雜誌等，展開嚴厲批判台灣總督府的言論陣容。尤其是政友會所屬的《人民》，更以〈黑暗的台灣〉為題，連續一個月以上批判、攻擊台灣總督府的弊政。而提供這些原始批判材料的，就是

《台灣民報》這個批判勢力的總源頭。

在如此反政府報紙、雜誌的非難攻擊之下，終於促使一九〇二年開議的第十六次帝國會議，把台灣總督府問題列為議題而提出來。

從殖民地主義到內地延長主義的轉換

領有台灣的日本政府，當初對經營台灣並沒有明確的方針，呈現出議論紛紛的狀態。

持有明確見解的只有原敬和後藤新平兩人而已。原敬的基本思考是漸進的本土化及內地延長主義、同化主義。

另一方面，後藤新平認為在台灣要以台灣的習慣法和清國的律令做為基礎。後藤一再強調「生物學的」統治，不必因小失大。

一八九八年，第四任總督兒玉源太郎任命後藤就任民政長官以來，立刻向第三次組閣的伊藤博文提出〈台灣統治救急策〉。主要內容為遵從台灣舊慣，避免本國政府的干涉，授與台灣總督處置全權，學習英國殖民地的模式。

此案提出以後，後藤在八年內完全按照自己的方式經營台灣，以「殖民地經營」為基礎，建立了「日本殖民地」的經營模式。

樺山、桂太郎、乃木希典等第一至第三任總督在台灣的任期都很短暫，還沒有完全平定島民的反抗。持地六三郎在《台灣殖民政策》（一九一二）書中指出：

「誰也不能否認，台灣殖民政策是從兒玉和後藤男
爵才開始確立的。」

持地又指出：

「台灣是日本目前唯一成功的殖民地。把清國統治
下的腐敗、動亂、荒廢的狀態，改變成為和平、秩序
安定、確立統治、開發富源，日本對台灣經營的治績
是所有人都公開稱讚的。」

這樣的「台灣殖民地觀」，至一九二〇年的原敬內閣以
降的第八任田健治郎總督時代，就更加強化台灣內地延長主
義政策了。

原敬認為，日本經營台灣和歐美各國支配其他民族完全
不同。只要使台灣的通信交通發達，人們來往自然容易。因
此，在台灣要長期施行特別制度，但不是殖民地。在許可的
範圍內，應當把司法及行政制度與內地一樣，適用憲法及各
種法令。因此，日本的新領土台灣逐漸施行了民法、商法、
刑法、民事訴訟法、刑事訴訟法。

直到第十八任的長谷川清總督，才開始引入皇民化運
動、徵兵制、國會議員選舉立法等。

三、歷任總督的台灣統治政策

殖民地色彩濃厚的武官總督時代

　　具體的察看歷任總督的治績，來檢驗日本的台灣統治是否有「殖民地榨取」的行為。

　　台灣總督府歷經五十一年的統治，一共有十九位總督。第一～第七任是軍人總督：

樺山資紀
・第一任總督
・任期：1895.5～1896.6
・海軍上將

桂　太郎
・第二任總督
・任期：1896.6～1896.10
・陸軍上將

乃木希典
・第三任總督
・任期：1896.10～1898.2
・陸軍中將

兒玉源太郎
- 第四任總督
- 任期：1898.2～1906.4
- 陸軍中將（上將）

佐久間左馬太
- 第五任總督
- 任期：1906.4～1915.5
- 陸軍上將

安東貞美
- 第六任總督
- 任期：1915.5～1918.6
- 陸軍上將

明石元二郎
- 第七任總督
- 任期：1918.6～1919.10
- 陸軍中將（上將）

　　一九一八年，日本憲政史的革新時期來臨。原敬內閣誕生，一掃明治維新以來的藩閥、官僚內閣，進入大正民主時代。從一九一九～一九四○年大東亞戰爭爆發之前，台灣由文官總督統治。

田　健治郎
・第八任總督
・任期：1919.10～1923.9
・政友會系

内田嘉吉
・第九任總督
・任期：1923.9～1924.9
・政友會系

伊澤多喜男
・第十任總督
・任期：1924.9～1926.7
・憲政會系

上山滿之進
・第十一任總督
・任期：1926.7～1928.6
・憲政會系

川村竹治
・第十二任總督
・任期：1928.6～1929.7
・政友會系

石塚英藏
・第十三任總督
・任期：1929.7～1931.1
・民政黨系

太田政弘
- 第十四任總督
- 任期：1931.1～1932.3
- 民政黨系

南　弘
- 第十五任總督
- 任期：1932.3～1932.5
- 政友會系

中川健藏
- 第十六任總督
- 任期：1932.5～1936.9
- 民政黨系

小林躋造
- 第十七任總督
- 任期：1936.9～1940.11
- 預備役海軍上將

長谷川清
- 第十八任總督
- 任期：1940.11～1944.12
- 海軍上將

安藤利吉
- 第十九任總督
- 任期：1944.12～1945.10
- 陸軍上將

　　台灣歷任總督，不論是軍人或文官，每個人的政策是十人十色，各吹各的號。

　　首任總督樺山上將在領台以前，就踏著開國維新後的文明開化與殖產興業的浪頭，燃起探險台灣的熱情。他在台灣傾力確立治安、改善衛生、改革教育及開發產業。他的功績歷經桂太郎、乃木希典，到兒玉・後藤時代，才開始開花結果。

　　史學家之間對乃木總督的經營台灣，一向沒有很好的評價。後藤新平指出，經營台灣要靠政治，只用討伐不能成功。但如此並不能一語概括乃木的功過。

　　乃木不是政治家，而是一個清廉正直的軍人。他清廉的性格表現在每日自帶便當上班。當時的秘書木村匡也自備便當上班，每日除了四片麵包和一些奶油以外，什麼也沒有。到官邸拜訪的客人，也只有粗茶淡飯招待。

　　乃木總督為了瞭解民情，就在台北城內外各要處設立「建議箱」，並親自帶鑰匙開啟。

　　台灣當時仍然盛行有錢人向官吏奉政治獻金的習慣。台灣的有錢人向乃木總督提出八萬圓的政治獻金，做為基隆、宜蘭間的道路修築費用。乃木總督宣稱除了租稅以外，絕不再拿人民一毛錢。如果收錢，就等於收賄。對這樣的寄付，他斷然拒絕。

　　乃木是清廉的官吏，在守成時期也許可以有所發揮，但是在創業初期的台灣，他就派不上用場了。

　　基於樺山資紀、桂太郎、乃木希典等前三任總督，以及

民政局長水野遵等人的錯誤嘗試，眞正使台灣經營正常化並且上軌道的，是第四任總督兒玉源太郎和民政局長後藤新平的時代。在此以前，日本朝野充滿了台灣經營失敗論，帝國議會也醞釀把台灣賣給法國一億圓。

兒玉總督時期，才結束了日本領台初期的混亂，確立了秩序與和平。

佐久間左馬太總督，是歷任總督中任期長達九年的人物。爲全力平定原住民的叛亂，達成「理蕃五年計劃」，而故意延長退休年限。他在七十歲時還任最高司令官登山涉水，在最前線指揮。在日本近代史上，完全是個特例，人們稱呼他爲「理蕃總督」。

佐久間總督一面討伐山岳民族，一面推進林野調查事業，確定了林業的所有權及使用權。接著，他致力於基隆與高雄的築港、阿里山的森林開發事業。台灣的經營開發，在平地有兒玉源太郎總督，在山地則有佐久間左馬太總督，他們的功績深受當時朝野一致的評價。

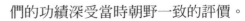

領台初期，總督並沒有掌握實權，事實上是由民政長官（相當於副總督）掌控一切，總督不過掛名而已。

例如桂太郎總督在任的四個月中，幾乎被中央政府的急務忙得沒有時間，只在台灣停留十日。而這十日是專程陪伊藤博文總理和西鄉從道來台灣視察。兒玉總督很信任後藤新

下村宏

平，把一切委交後藤全權處理。

後來的民政長官下村宏，遵循後藤新平的前例，在軍人總督之下獨攬總督府政治，發揮他的行政手腕。下村在五年九個月任內，扮演安東貞美、明石元二郎兩位總督的管家婆角色。他的成績是設立台灣電力株式會社、嘉南大圳開工、設立為調查南洋的總督府官房調查課。

到第七任的明石總督為止，全部都是軍人。

以上所述，是軍人總督時代的台灣經營，是「殖民地的」色彩濃厚的時期。日本領台初期的三年多，對台灣的經營一直在嘗試錯誤中打轉。直到兒玉總督‧後藤新平時代，才開始仿效英國殖民地經營模式，遵循台灣的傳統而沿襲清國以來一部分的舊慣和舊制。

因此，兒玉時代確立平地的和平與秩序，佐久間總督時代使山地的「治蕃」政策上軌道。

不該一味譴責皇民化運動

一九一九年，明石總督猝死。受到當時盛行的大正民主主義潮流的影響，原敬內閣成立，並任命文官田健治郎為台灣總督。

這個時代，深受大正民主主義潮流的影響，「民主民權」運動滲透，社會價值觀也大為改變。原敬內閣以來，一向備受批判的「內地延長主義」，也在台灣「一視同仁」的經營方針下推動。

　　台灣的民眾也受日本近代化教育的普及，從左翼的無政府主義到右翼的皇民化運動，各種思想的政治社會運動及文化文學運動都登場了。接著從九一八事變（一九三一）到支那事變（一九三七），進而爆發大東亞戰爭（一九四一）的國際環境變化的播弄下，皇民化運動也逐漸激化起來。

　　不只韓國朝鮮，連日本時代的台灣皇民化運動及皇民化教育，也是備受批判的一部分。所謂「天皇的赤子」、「臣民」變成諷刺的、責難的用語。但是從戰時體制下的時代背景看文化運動、國民運動，我不認爲應該責難皇民化運動。

　　近代國民國家的形成期，從法國開始到西歐、東歐諸國，爲培育國內各民族的近代國民教育，都推動國語與宗教的文化運動。尤其後進國家，在大力推動「國民化」、「皇民化」的運動上更是不遺餘力。

　　近代國民運動，尤其把「皇民化」運動貶爲負面的印象；如果這麼說，則中華化，即「漢化」、「華化」運動比「皇民化」更加激烈。滿洲人對支那人的強制蓄辮運動，除了小孩子以外，一律強制執行，不從者，則砍頭處死。

　　「化外之地」的台灣原住民，被清國強制賜姓改名，不但賜予漢人的姓氏，更僞造祖籍。一旦拒絕，就加五倍稅金，強制義務勞動（徭役），比皇民化運動更加激烈數倍。

從軍事費用顯示「並非剝削」的證據

　　此外，如此發展文官總督的治理以來，台灣一方面成爲

內地延長的統治，也同時賦予總督更大的權限。

在田總督時代，民政長官改稱民政總長，總督也一味和民政總長爭奪權力。最後，民政長官的權力被總督收回去。

一九二三年四月九日，攝政宮裕仁皇太子（昭和天皇）到台灣訪問，向國際證明了台灣的安定。

然而，國內的大正民主主義潮流，使得中央政界的不安定更影響到台灣文官總督的不安定，總督宛如走馬燈換來換去。自一九一九年末起，十六年內連續換了九位總督，可反映出是何等的不平靜。

《台灣總督府》，黃昭堂著，前衛出版

文官相比軍人則更加的無力與保守，文官總督時代的治績無法和軍人總督時代相比。例如黃昭堂的《台灣總督府》（前衛出版社）就指出：

「文官總督時代的台灣，並不因為總督是文官的緣故就突出建樹。」

「日帝三十六年」的朝鮮，全無文官總督，也不像台灣那樣總督交替頻繁。朝鮮的警察也比台灣少，象徵日本統治時的安定。

第一次世界大戰後，日本人把文官統治視為民主的象徵，而對文官的評價也比軍人還高。軍人總督統治都塑造成「獨裁」、「榨取」的印象。但是，我看這十九位台灣

總督當中，文官總督非但能力不足，也不比軍人總督更民主。

台灣總督府的權力極大，被稱爲「土皇帝」，但這不是正確的說法。後藤新平和下村宏民政長官時代的台灣總督府，權力被民政長官一手包辦，總督只是掛名。

台灣國土防衛軍司令官，一直由台灣總督兼任。由於文官總督無法指揮軍隊，台灣總督才在一九一九年將原有統帥權交還天皇，重新頒布台灣軍司令部組織。

英國和很多宗主國，一向把殖民地的軍費轉嫁給殖民地負擔。但是，日本對朝鮮和台灣的統治，所有軍事費用完全由中央政府的預算支出，這一點是日本軍的特徵之一。

本來，負擔國土防衛費是每一個國民的義務，如此說成日本對台灣人和朝鮮人的壓榨或掠奪，則完全說不通。

台灣軍的支出，從日本帝國的國家預算支付，從內地來的運輸、兵營、訓練中心建設、兵器、彈藥、薪資等等，完全不必由台灣總督府負擔。當時的軍費佔國家預算的三○～四○％是一種常識。

台灣軍的編制爲七千人，實際兵力只有五千人左右。兵員構成是由日本本土召集，再逐漸由九州、四國、本州各地集中。一九四○年又從沖繩，翌年在台灣徵調志願兵。士兵的薪餉比內地高，志願兵的薪餉則更高。

排除差別政策的長谷川清總督

　　直到第十八任總督長谷川清海軍上將（任期一九四〇年十一月～一九四四年十二月），才一舉統括了台灣總督府政治。他在任的四年間，灌注心血完成「日台合一」路線。長谷川總督順從民意，改善及廢除各種「差別」待遇。

　　例如：他廢除日本人讀「小學校」、台灣人讀「公學校」的差別，所有小學都改稱「國民學校」。過去公務員的薪俸有差別。日本人又加上外地補助金，一向比台灣人薪俸高，長谷川總督也給予改善。皇民化運動的象徵是改姓名，准許市民自由申報改姓氏。

　　當時，朝鮮人成為日本政府的大包袱，每年接受日本政府十五％～二十％的財政補助。而台灣人的稅額負擔是朝鮮人的三倍，日本的對外投資也以朝鮮為優先。「合邦國家」時代的一九一〇～一九四一年，日本對朝鮮投資累積達到四十八億八千八百萬圓；另一方面，日本領台的一八九六～一九三九年的對台投資才只有七億一千八百萬圓。

　　此外，朝鮮人可以出任軍官，台灣人則完全無份。長谷川總督致力實現「日台合一」的理念，推行台灣人當日本兵的志願兵制度，實現徵兵制度，實現選舉帝國議會的眾議員。一九四五年四月預定選舉眾議員，也是長谷川總督的努力所致。他堅信台灣不是日本的殖民地，而是內地延長的「日台合一」，一步步實現這個理想。

　　台灣人對他從內心生出敬意。證據是戰後的一九七〇年，長谷川上將八十八歲大壽（米壽）宴會之際，台灣的白色恐怖已經冷卻下來，許多台灣人都趕至日本參加宴會。

衷心期待補償高砂義勇隊遺屬的末代台灣總督安藤利吉

末代的台灣總督安藤利吉更是不幸的人物。他出身陸軍士校十六期，和岡村寧次、土肥原賢二、板垣征四郎同期。他在終戰前的一九四四年十二月才出任台灣總督。

戰後，安藤總督被蔣介石所派遣的陳儀行政長官任命為「台灣地區日本官兵善後連絡部長」。他在遣送二十萬軍人及四十萬平民返回日本後，突然被以戰犯名義逮捕，解送上海。據傳聞，他在獄中「服毒自殺」。

但是，安藤的自殺疑點重重。他在戰後還想有所作為而留下來，卻沒有理由因為淪為「戰犯」就非得自殺不可。

安藤更加掛慮的是出征新幾內亞等南洋各地，為日本戰死的高砂義勇隊的遺族。

當過台中州知事的安藤親信森田俊介，與安藤在上海的監獄會見時，安藤還念念不忘補償高砂義勇隊的遺族，所以安藤的自殺令人難以相信。

當時，由台灣遣送的四十萬日本民間人士之中，許多人認為台灣是自己生活的故鄉，希望能留下來。然而，行政長官公署秘書長葛敬恩，在接收日本人的資產之際，卻中飽私囊，日本人要留下來，必須以各種名目送大額的紅包給他。

為了隱滅證據，葛敬恩將安藤毒殺滅口。

宛如吞下終戰以後的悲劇，台灣在不到四年之內，二百

萬人就被中國人埋葬殆盡了。

　　日本領台的五十一年間，的確也有一段時期的「殖民地色彩」；但是，把政治、經濟、社會、文化各方面當作「剝削」、「榨取」的「殖民地傷痕」，完全是反日學者的作文，除了捏造歷史以外，什麼也都是假的。

第 3 章

建構台灣基礎工事的日本人

一、掠奪土地的漢人，
　　增加土地的日本人

台灣史上最初的國土規劃

　　中國學者最近才信誓旦旦地主張「台灣自古為中國領土絕對不可分割的一部分」。然而實際上，只會吹牛的中國學者，對於近代以至現代的台灣根本一竅不通。

　　約一千年前，北宋的第三代皇帝真宗時代出版的《華夷圖》這份地圖裡，完全沒有台灣的存在。但是和台灣一樣大小的海南島卻赫然出現其中。歷史上第一次出現台灣的地圖，是由葡萄牙人所繪製的地圖。

　　但是，他們所描繪的台灣島地圖不只形狀不正確，甚至也脫不出想像的範圍。台灣的地理、地形、地勢和地貌，直到日本領台時代，才開始有明確的描繪。

　　一八七一年的琉球漂流民遇害事件（牡丹社事件）以來，後來的首任台灣總督樺山少校全力開始探測台灣，收集情報。

　　由少壯軍官率領的山岳探險隊，集結了調查民俗、動植物等各方面意氣煥發的學者。後藤新平自任調查會長，聘請京都帝大的岡松參太郎和織田萬教授來台灣，委託他們作徹

底調查的工作。

但是，當時的台灣平地與溪谷土匪充斥，山岳又有原住民的割據與反抗，無法深入調查。台灣島全貌的揭開，有賴於台灣總督府莫大的犧牲，才得以完全平定土匪和原住民的反抗。

領有台灣後，日本在台灣要建立近代社會，最重要的首先是對土地確立單一、明確的所有權。至十九世紀末為止，台灣的土地所有權相當複雜。

日本領台以前，台灣在名目上土地屬於大租戶（大地主、豪族）所有，實際上卻由小租戶控制。小租是由佃農所收成的糧食，用租穀的形式上繳經營拓墾的小租戶。小租戶再向土地開墾的大租戶繳納大租，大租戶再向政府繳納地租的複雜結構。

但是這種複雜的土地關係並非一成不變的制度，小租戶和大租戶都可任意把土地讓渡出去，造成土地一典數主，幾個小租戶在同一土地上經營的混亂局面。這也造成許多隱田，即納稅義務人隱納不報的情況。台灣一向視土地為帝王所有的「王土」，土地的私有制從未真正確立，所以可用蠻力奪取。械鬥（集團的決鬥）失敗而放棄土地遠走高飛是台灣史的法則，漢人殺盡原住民，強奪其土地更是家常便飯之小事。

台灣最初開始土地調查工作的是劉銘傳。他推行「丈量土地、丈量清賦」，揭發隱田，確立土地所有權，以增加地租的租稅。

然而，土地調查的命令根本無法貫徹。在現場工作的小官役卻以揭發隱田而強行索賄，大肆欺壓農民，引發農民的反感，各地的反抗、暴動不止，最為有名的是「施九緞反亂」。調查的結果當然受阻而中止。

日本時代耕地面積的擴大

後藤新平在一八九八年九月，為確立台灣的近代土地制度，設置臨時台灣土地調查局，通過調查來重新確立新土地的權利及義務關係。

土地調查預算五四○萬圓，使用地籍、三角測量、地形測量三種方法進行。全島土地調查的結果，發現二十六萬六千甲（一甲約等於一公頃）隱田。這些隱田是漢人強奪自原住民，成為脫稅對象的無斷（未經許可）開墾地。

台灣總督府並沒有採取「沒收」、「處罰」的政策。總督府為解決三十六萬七千甲田地的大租戶與小租戶的雙重所有權，日本政府採取買斷大租權的方法。政府利用發行公債來贖買土地代價三六七萬二四三六圓，在一九○四年交付大租權者做為補償，一舉消滅大地主的土地所有權。

台灣的大租戶與封建諸侯非常相似。帝國議會議員竹越與三郎在《台灣統治志》上所述，將大租戶的土地所有權賦予耕作者，就像是「台灣的廢藩置縣」那樣的壯舉。

台灣的耕地面積評定為七十七萬七七八五○甲，比清國時代倍增。相對於日本地租課徵二五‧五％，台灣只課徵

五％，朝鮮則課徵不到三・九％。

　　戰後，中國與日本的進步文化人批評日本的殖民地統治為「侵略」、「搾取」，而實況並非如此。從數字已可以看出，說日本為了促進台灣及朝鮮的近代化，反過來壓搾了自己的國民也不為過吧？

　　為了確立及保護台灣近代的土地所有權，並一併解決多年來台灣所發生的訴諸武力的土地糾紛。明確訂立土地所有權，才能防止住民的衝突，確保治安。

　　對於原住民，他們強烈地自認為台灣的土地是他們的，動到他們每一寸土地、每一匹鹿、每一隻鳥，都會引起他們的憤怒。由於漢人移民和部分原住民混居共存，加上漢人移民的人口增加，致使土地爭奪糾紛頻繁。土地調查也就巧妙地解決了這個問題。

二、台灣現代化的基礎：
　　開設鐵路

完全不堪使用的清代鐵路

　　日本在台灣敷設鐵路，對台灣的近代化貢獻很大。

　　日本領台以前，台灣根本沒有所謂的道路可言，交通工

具是用轎子來移動。貨物則使用扁擔來運送，遠距離的運輸則靠船隻。然而，渡河時卻沒有橋樑，只能用臨時組成的竹筏過河。雨季時全島河川頓成洪流，十餘日或數週內鄉村與城鎮成為陸上的孤島。

一八八七年，台灣才開始敷設鐵路。這是德國人貝克與英國人馬迪遜所指導設計的，全長六十二哩（約一〇六公里），從基隆通至新竹。指揮建設鐵路的是清朝的台灣首任巡撫劉銘傳。

鐵路築到新竹時，劉銘傳就辭職。接任的巡撫邵友濂判斷從新竹到彰化的工事困難，中途放棄興建。現在，台灣的教科書都把劉銘傳捧為建設台灣鐵路的第一人，吹噓他為台灣近代化之父，而他實際所建的不過是不具實用性的輕便鐵路。

劉銘傳規劃的鐵路有所缺陷，不只是技術而且有資金及人為的問題。設計委託外國技師，然而為節省經費及確保權利，工事卻由清國官兵獨斷獨行，設計技師根本無從監督。監工是由送紅包而取得地位的地方豪族擔任，毫無設計與技術的知識。因此，他們任意變更路線，迴避墓地和私有地。同時，為了節省經費，他們不挖隧道，反而沿著地形彎曲處建造。結果，搞得路線彎曲迂迴。

完全不考慮地質的路線，使崩塌的可能性增大。草草架起的橋樑，全都是木造的，不具耐久性，大雨一沖當然倒塌、流失，幾乎不堪使用。而且，行車中激烈的左右搖晃，簡直無人敢來搭乘。

從台北到新竹約八十公里的鐵路，是在一八九三年十一月，即日軍攻台的前一年完成的。總工程費達一二九萬六千兩，十四個車站、一個隧道，加上大小七十四座橋樑。鐵路軌道寬三尺六寸，軌道重量三十六磅，完全是一種輕便鐵路。車速平均十三・七公里。

但這完全是軍用的，毫無實用價值可言，因資金不足就半途而廢了。即使開通的部分，也因為車輛及路線的不完備，例假日又停駛，是有諸多缺陷的一條小鐵路。

鐵路沿線全無信號機和平交道、月台，中途要下車只有自己跳下來。車資又沒有一定，常常視人而定，官員乘車則一律免費。

軌道內每二十分才有一個為急坡度而設置的設備，簡直像是搭乘快速滑行車似的。

另外，行車中又往往因為沒有水而使火車停駛。那時，車上的人和乘客都要下來到附近的山谷下找水。找到水後，又要等待其煮成沸騰的蒸氣，造成時間的延遲。

臨時台灣鐵路隊最大的功勞者 —— 小山保政

一八九五年六月二日，清國和日本交換台灣永久割讓的文書，卻在台灣北部的三貂角海上進行。

三天後的六月六日，首任總督樺山資紀率日軍登陸台灣。六月十日，日軍成立台灣鐵路總司令部，由總督府陸軍

局工兵部長陸軍上校兒玉德太郎，以及遞信省鐵路技師小山保政先後擔任台灣鐵路司令。

小山技師負責劉銘傳留下的鐵路改築、運行的任務。

樺山總督在一八九五年六月始政開始，認為促進台灣的經濟發展，最重要的課題是交通網的整備與流通的發達；同年八月，他向中央政府提出的百年大計是敷設台灣縱貫鐵路、興建基隆港與道路建設三大提案。中央政府因而從軍費中撥出十萬圓做為調查費用。

樺山總督自任臨時台灣鐵路隊長，測量調查工作委託遞信省鐵路技師增田禮作工學博士，調查以前鐵路改建重心及軌道彎度過大的改進方式。

臨時台灣鐵路隊把工兵隊分為本部、鐵路班、輕便鐵路班，開始連貫鐵路工程，小山與現場的鐵路技師，全力調查及同時進行改建鐵路的工事。

日本登陸時，劉銘傳興建的鐵路軌道已經有一部分損壞了，仍堪使用的火車頭也只有一輛而已，這是火車頭耐久實用的悲慘情況。

當時渡台的學務部長伊澤修二就感慨地指出：「與其說是鐵路，不如說是如同輕便鐵路那樣粗糙的東西。」伊澤從基隆到台北上任途中坐轎，「看到許多人在火車面前，又停下來推火車的荒謬情景。」

事實是，樺山總督在進入台北城之際，從基隆出發的火車必須派六十名士兵在後面推行。「推火車」弄得日本士兵啼笑皆非，只能自嘲是「為國而效命」。

　　小山的苦勞也大致相同。小山技師認爲，做爲進軍最
前線的鐵路，必須立刻修理和檢查運行作業。尤其是台北到
新竹間的鐵路，由於情勢混亂，許多枕木都被周圍的居民拔
走，必須花費很大的工夫去修理。

　　在台灣又無法調度鐵路建設的材料，所有軌道、枕木、
車輛、木材、水泥、石塊都必須向日本購買。負責運送的是
大倉組。有關人員，由小山保政和新元鹿之助在來台前，先
在東京招募鐵路職員一百三十人。

　　鐵路建設最大的困難是收購土地。例如爲了建設台北車
站，必須徵用民地三萬二六三九坪。

　　當時的地價太過浮濫，用坪數計算簡直不可能。向
八十八位地主交涉買地，一坪費用將近一圓，總計花費高達
二萬三二一七圓。當時基隆的地價一坪不過二十錢。搬家費
用每戶七～八圓，茅屋每家付三～六圓。

　　加上清國時代有大小十四個車站，都是土角厝建築，車
站建築也必須全面改建。

　　臨時台灣鐵路隊開始動工時，等待他們的是瘴癘（風
土病）。三百多人當中，有一半以上，即一百七十多人生
病，有許多人病死。鐵路隊員患病的慘狀報告，使隊長於
一八九六年一月十四日決定將病員送回後方。回國的人加上
死亡者共計二八二人。

　　但是，鐵路建設作業又不可能中途喊停。儘管作業員
一個接一個倒下去，鐵路隊也繼續前進。他們就這樣將從基
隆到新竹的鐵路修理改建。由於小山拚命的努力，終於完成

台灣縱貫鐵路的建設。鐵路隊員的死亡人數，一八九五年有八十一人，一八九九年有二四一人。

花費如此大犧牲完成的鐵路，戰後國民黨卻以反日、仇日教育來醜化殖民地侵略，教育台灣人仇視日本暴政，完全沒有指出有多少日本人爲建設台灣鐵路而犧牲的事實。

日軍登陸以來，臨時台灣鐵路隊最大的功勞者小山技師，在一八九九年六月二十一日就任打狗（高雄）鐵路敷設部事務所所長以來，全心致力於南部線鐵路建設工作。同年八月二十三日，他受封正六位，獲四等瑞寶勳章，卻在同一天因瘧疾去世。接替他的工作的是和他同時渡台的新元鹿之助。

建造四〇五公里台灣縱貫鐵路的長谷川謹介

日本更加奮力地建設台灣的鐵路。

在小山技師如同獅子般奮起活躍的同時，日本國內也有在台灣敷設私人鐵路的建議，並且在東京組織台灣鐵路會社。一八九六年五月五日，台灣總督府接受私鐵建設的申請，十月廿七日發下許可證。總督府也贊成，並盡力協助，但是私鐵卻因資金募集未達成目標終告解散。

一八九八年十一月，總督府編成處分台灣鐵路會社三千萬圓的縱貫鐵路預算，第十三次會議中，總督府官營的新鐵路敷設案通過。會議決定的預算爲二八八〇萬圓。

一九○○年三月，總督府發布台灣事業公債法，奠定了台灣鐵路建設的基礎。儘管日本有人叫嚷著把台灣以一億圓賣掉，但也通過了三千萬圓的巨大預算金額。

長谷川謹介

第四任總督兒玉源太郎時代，基於「鐵路國營政策」，開始著手建設基隆到高雄總長四○五公里的台灣縱貫鐵路。

負責這個大工事的執行與指揮者是長谷川謹介。他於一八五五年生於山口縣厚狹郡千崎村，一八七一年進入大阪英語學校就讀。一八七四年進入「鐵路寮」的鐵路學校，由於擅長英語而經常擔任外國人的通譯。一八七七年，他畢業於「鐵路工技生養成所」，歷任日本鐵路局技師、日本鐵路會社建設課長、岩越鐵路會社總技師長等職務。

一八九八年，長谷川受聘爲「臨時台灣鐵路敷設部技師長」來台。

台灣鐵路進入實際作業時，卻遭遇重重的困難。當時的台灣有二十個以上的港口，都是連戎克船（中國帆船）都進不了的小港。

戎克船

材料的運送卻必須仰賴大型的船隻。

　　總之，無法直接由基隆或高雄上岸。所以，必須先建設大型港口。但是又因為風土病流行和盜匪橫行，無法招募工人，只有陸軍工兵隊，人手不足成為最大的難題。

　　長谷川技師長診斷劉銘傳所架設的鐵路，包括軌道的材質、設計到施工是完全不合格的缺陷工程。斜坡的急坡度也不耐河川的水流，非全面拆除重新改建不可。

　　日清馬關條約後，日本接收的舊鐵路內容是：客車二十輛、無蓋車十二輛、有蓋車四輛、火車頭八輛而已。劉銘傳時代從基隆～新竹間敷設鐵路一○六‧七公里，拆除後可以廢物利用的不過○‧八公里。臨時鐵路隊先作一部分的修改興建。

　　在長谷川的指導之下，南北鐵路工事同時動工。作業分四區同時進行。第一區由基隆～新竹、第二區由新竹～台中、第三區由台中～嘉義、第四區由嘉義～高雄。耗費九年時間及二八八○萬圓，從基隆到高雄的台灣縱貫鐵路終告完成。

　　一九○八年四月二十日正式通車，十月廿四日在台中舉行通車慶典及火車展覽會的盛大紀念儀式。現在的台中公園，就是為了這個慶典而建造的公園。成為近一百年來台灣的人流及物流的大動脈，對近代化的貢獻頗大。這條鐵路，到廿一世紀的現在仍舊繼續使用。

　　台灣除了臨時台灣鐵路隊的軍用輕便鐵路以外，也有私營的鐵路。大多數是製糖會社鐵路，或是林業專用的輕便鐵

路（五分仔車路）。這是縱貫鐵路完成以前，連結南北的重要交通要道，一九一五年總長達一六〇四公里；在縱貫鐵路和公路逐漸發達後，這些輕便鐵路才慢慢被淘汰。

鐵路敷設的功勞者長谷川謹介，在完成縱貫鐵路後離開台灣，升任日本鐵路院東部鐵路管理局長。

接著，他又歷任西部鐵路局長、中部鐵路局長、鐵路院技監、鐵路院副總裁等炫耀的職務。然而，他在停留台灣時感染中耳炎，後來又患腎臟病，一九二一年四月因中耳炎入院，同年八月廿七日因心臟麻痺去世，享年六十七歲。

三、為穩定物價而建設公路

清國為防止反亂而不建設公路

一方面，有關道路開發的問題也堆積如山。竹越與三郎的《台灣統治志》上記載，日本領台前的台灣道路「交通不便，幾乎稱不上公路」。

此外，從村到村、村到市街的道路，「只堪稱為從一地到另一地的縣道，完全沒有國道的影子可循」。

竹越指出：台灣由於政治形態未統一，只有以小市街為中心的各村落存在而已，各村落間的小路，只不過如日本

「田間小路那樣，寬一尺餘而已」、「有人要去旅行，除了坐轎子，就是步行」。另外，製糖業者的小路，加上通水牛車的「牛車路」也零零落落地存在。

筆者小時候，還看到牛車運送農作物的情景。牛車在什麼時候出現於台灣已無法考證，但是黃牛是荷蘭人從東南亞引進，水牛是從中國南部引入台灣的。此外，郁永河的《裨海紀遊》中記載，從原住民的平埔族到深山，都有許多台灣野牛在奔馳。

原住民是駕馭野牛的高手。林謙光的《台灣紀略》（康熙廿四年，一六八五）中，敘述平埔族「出入皆乘牛車」；《諸羅縣志》也記載，漢族各村「家皆製車養牛」。由此可見十七世紀末牛車已經出現。從流通發達面看，牛車成為運送村落農作物的物流及交通工具。

《台灣府輿圖纂要》所述，日本領台前的台灣，東西南北總計有二二七三清里（三清里等於一哩）的公路存在，但這根本是有名無實的。實際上當時非但交通不便，所擁有的，只是人煙罕至的鳥腸小徑罷了。可供兩人並肩而行的道路極為少見。

只要暴風雨一襲擊，道路立刻坍方，被流土淹埋。晴天則雜草荊棘叢生，如果沒有經常修復及定期搶修，一場大雨則又損壞，那能稱其為「道路」？

清國時代也有開發道路計劃，不過都是在紙上作業階段就停止，因為老是被「生蕃」阻撓，不得不半途而廢。

有關道路，我們必須從經濟的和自然環境的理由去思

考。至十九世紀末爲止，台灣是匪賊橫行、「生蕃」出沒的社會，反而是沒有道路才能確保社會治安。富裕的開拓移民和豪族也私自開發道路，不過都不堪使用而任憑荒廢。

郁永河在一六九八年從台南到北投（《裨海紀遊》），不是乘牛車就是步行，渡過連船和橋都沒有的九十六條河川，要費廿一日，清國時台灣「三年一小反，五年一大亂」，爲防止難治的亂民，政府禁止修築道路。

台灣沒有出產馬匹，有牛車而沒有馬車。滿洲八旗軍的主力是騎兵軍團，台灣駐軍是漢人爲主的綠營士兵，人數超過萬人，馬匹卻不到十匹。當然就不必要有馬路。

連柴五郎都感嘆的惡劣道路

柴五郎

一八九五年，即義和團事件發生的五年前，在義和團事件有名的柴五郎也參加北白川宮能久親王的近衛師團，渡海來台。

在柴五郎眼中的台灣，進軍道路是無法想像的險惡。日本早在江戶時代就有東海道與日光街道那樣完備的道路，台灣的道路是日本人無法想像的。

但是，台灣幾乎沒有像樣的道路可言，柴五郎以登陸先鋒身分登陸澳

底時，寫下了：

> 「殿下也一樣登陸，馬路不過是石塊散落的小道，策馬而行就塵土飛揚，蕃人及支那人裸足走過的小道，大軍要行進十分困難。把馬匹千辛萬苦地由軍艦拉下來，卻毫無用武之地，只有再將馬匹牽上船。」
>
> （井出季和太《南進台灣史考》）

台灣非但沒有能夠騎馬參拜的驛道，連像樣的小路也沒有。

五年後，當柴五郎以日本駐清國公使館武官停留北京時發生了義和團事件，列強的軍隊攻入北京城之際，他嚴屬取締治安，將施暴或搶掠的八國聯軍士兵以現行犯逮捕，解送軍司令部；日軍獲得軍紀嚴明的佳評，日本佔領地的治安迅速恢復。

然而，俄軍佔領區卻成為人間地獄。當地的住民一直逃入日本佔領區要求保護，當時的北京市長忍不住向英國公使麥克唐納訴苦，懇求把俄佔區改成日佔區。

北京市民驚慌失措地湧進日本佔領區，把指揮日軍的柴五郎當作守護神。柴五郎奉命歸國之時，日本佔領區的老弱婦孺與青年們流淚歡送。

清國政府積極準備在台灣開拓道路，是解除封山海禁以後的事。一八七四年牡丹社事件以後，受日軍征台的刺激，清國政府才開始開拓軍用道路，即北路由宜蘭～台東，中路

由雲林～台東，南路由鳳山～台東，並派駐軍隊。

　　但是，在開拓中又遭遇原住民的攻擊、山崩、疫病等阻礙，結果未完成而置之度外。大小河川的橋樑也不過用手臨時搭建，台灣的交通工具至此爲止根本沒有改變，用竹筏渡河，一旦雨季就交通中斷。

本來要走二天的路如今騎自行車只要二小時

　　所謂公路根本不存在，日本軍工兵隊開始修築公路。工兵爲了進軍而披荊斬棘，建設公路和敷設輕便鐵路，才能運送兵器、彈藥、糧食。爲此而完成的道路稱做「軍路」，一共有二萬公里長。

　　從日本來的士兵立刻受困地獄似的熱帶台灣氣候中，許多人被風土病擊倒，工兵隊一面搬運大砲、彈藥、糧食，一面淌著血汗開路，付出很大的犧牲代價開拓了「軍路」。

　　台灣二百多條河川上根本沒有橋樑可言，渡河只能依靠竹筏。在日本整備台灣的交通網以前，米也無法流通，南部缺米而北部卻無法運送疏解。物價在各地也不一致，台灣的物價穩定、縮短地域價格的差距，完全是縱貫鐵路與道路整備完成以後的事。

　　兒玉源太郎總督時代，道路整備才完成。兒玉及後藤的統治時代，才開始推進台灣近代化。實際上以鐵腕推行的是後藤。

一九○○年公布〈道路整備規則〉以後，重要道路分為一間（寬一‧八公尺）、一～二間、四間以上的三種。建設完成的道路寬一間的有五千五百公里，一～二間的有九百公里，四間以上的有八十公里。

另外，日本領台五十年間建設完成指定道路（幹線道路）有三六八九公里，市街庄道路（縣道）有一萬三五九四公里，合計一萬七二八○餘公里。完成橋樑有三二三六座。

整治港口也從日本統治時代開始。台灣西海岸一向是廣東、福建及東南亞的轉口貿易地，港口商業繁榮，台灣歷史和港口的關係密切。

如同陸上絲路那樣的貿易商隊也在台灣組織「行郊」，來往各地貿易。他們乘坐的是木造的帆船進出安平、鹿港、淡水，從海洋進入河川入口，就用人拖曳帆船行走。

早前從高雄到台南、鹿港到淡水的不遠的距離，一向依賴水路。由於從陸路用山轎、竹籠挑擔，途中會遭遇山賊或原住民襲擊，十分危險。因此從高雄到台南要走二日。日本時代交通整備後騎自行車只要二小時，方便與否即可分明。

四、為改變喝毒水而整建上下水道

台灣的水充滿了瘴癘之氣

清國領有台灣當時，台灣海防同知孫元衡寫了一首〈瘴氣山水歌〉，描述台灣的山水充滿了瘴癘之氣的情景。

一七一四年，康熙帝派遣耶穌會傳教士馮秉正（Jos. de Mailla）等三人到台灣測量，繪製地圖。隨他們前來的身強體壯的保鑣，不相信台灣的水是「毒水」。結果那個人自信體力強壯，故意飲用當地的泉水，在五日內就暴斃。馮秉正等人必須飲用由台南運來煮沸的開水，才能工作。

水成為台灣人的生活史、生存史最大的課題，必須處理水資源的利用，理解水的循環體系。這是研究台灣史絕對不可欠缺的觀點。台灣的近代化，也從「毒水」──水土問題的處理與「水循環」的利用開始。

日本領台當初，台灣的生活環境依然如故，極端惡劣和沒有衛生可言。以首府的台北為例，也沒有上下水道的設施。

井出季和太的《南進台灣史考》，對當時的台灣有以下的記載：

「台北街上，家屋的周圍及庭內流出污水，各處充滿瀦留泥沼，人民或和犬豬雜居，所有公共廁所糞便四溢，只有市中心日本人住宅區有鑿井噴泉、用鐵管供應飲用水，但是盛水桶子又極不乾淨……」

當時台南的情景：

> 「台南府又到處有廢棄物，糞尿到處排散、堆積，
> 街道兩側的排水溝裏污水充塞，惡臭沖天，從城內至
> 城外到處惡臭撲鼻，令人作嘔。」

這就是當時的台灣兩大都市的衛生狀況。

北京的飲用水，一向由「山東水幫」的賣水組織來支配。近代的水道建設工程奪走了「山東水幫」的生存權，老是受到山東水幫有組織的襲擊和破壞活動。

二十世紀初的首都北京，是軍閥和各種勢力的必爭之地。政治的不安定及社會動亂，導致北京市民淪爲雞鳴狗盜，盜水的風潮不絕。爲此，北京市街頭的水龍頭，必須派出持槍的士兵把守。

這時，台灣的水道系統已經確立，成爲台灣法治社會的成熟及前提。從海上遠眺滿目翠綠的台灣，的確是「美麗之島」（ilha Formosa）。但由中原來看，台灣只不過是「化外之地」、「荒蕪之地」，實際上是一個「瘴癘之島」。

從政治的或殖民的歷史看台灣，荷蘭人統治者鎮壓漢人的反亂、鄭成功的軍隊屠殺原住民、清代的「三年一小反，五年一大亂」，所謂「反日抗日運動」的台灣島民犧牲者，達數百～數千人。島民的械鬥或討伐「蕃人」的死傷者更是難以計算。中國軍空前的台灣人大屠殺，「二‧二八事件」（一九四七）的犧牲者有三萬多人。

　　然而「瘴癘」所奪走的人命，比反亂、屠殺又多上數十倍甚至數百倍。即使吸食鴉片，也只能暫時抵抗瘴癘，無法完全根治。從優生學的史觀來看台灣史，比台灣人反抗外來統治的反抗史更具有宏觀的客觀性。

　　台灣基礎工事的整備最重要的是上下水道的敷設。日本領台前的台灣，一向是人畜共居的狀態。首府的台北也全無上下水道，井水及淡水河的水毫無衛生。極少的清潔水井又被富豪獨佔，民眾只能依賴雨水和河水過日子。

　　街道堆滿垃圾、污水四溢，一遇洪水或颱風、豪雨，大水就淹沒街道，污水和髒物四處漂流。傳染病當然就容易蔓延，當時的台灣人平均壽命只有三十歲左右。

為整建台灣上下水道而盡力的巴爾頓和濱野彌四郎

　　為了打破現狀，台灣總督府禁止豪族獨佔水源，全力建設上下水道。巴爾頓和濱野彌四郎開始活躍。

　　為了城內的水田收買計劃以及翌年的衛生工事設施，便招聘了當時東京帝大的英國人講師巴爾頓。

　　巴爾頓（William K. Burton）生於一八五六年，是淺草十二樓凌雲閣的設計者。

巴爾頓

濱野彌四郎

一八八七年他經由文豪永井荷風的父親——在內務省衛生局工作的永井久一郎介紹，受聘東京帝大衛生工學外國人講師兼內務省衛生局顧問技師。

這是當時最高權威的地位，他負責設計東京的下水道。他在東京停留九年後帶著日籍妻子返回英國，而後再接受總督府衛生顧問後藤新平的邀請，來台擔任總督府衛生土木監督。

當時的台灣是反對割讓給日本的反日游擊隊出沒，加上瘧疾、鼠疫流行之地。巴爾頓帶著弟子渡海來台。

他的弟子濱野彌四郎的父親濱野昇是醫生兼帝國議會議員。

彌四郎由千葉縣成田小學讀到千葉縣尋常中學、東京神田共立學校，經由一高，畢業於東京帝大土木學科。他的大學老師是巴爾頓。巴爾頓在東京帝大時代，也教育出濱野以外很多優秀的技師。包括對台灣土木事業、交通建設、都市計劃有重大貢獻的土木局技師長尾半平、鐵路部長新元鹿之助等人。

濱野彌四郎在一八九六年來到台灣。當時台灣總督府頒布敕令第二七一號設立土木部官制。部長由民政局長兼任，部內有四十一名技師、八十三名技師助手及其他職務者，是一合計一八○人的大組織。首席技師就是濱野彌四郎。

一八九五年始政式後，台北城隨即實施大規模的都市改革計劃。巴爾頓和濱野師徒，從一八九六年末的三年內，踏遍台灣各地山野，調查水源及設計上下水道。他們進入高山密林調查，居然不曾遭到原住民的攻擊，可算是奇蹟。

長尾半平

可是巴爾頓卻在台灣感染了瘧疾而折返東京，四十三歲的英年就去世了。繼續巴爾頓在台灣完成他的志業的，是完成基隆的水道及以後工事的濱野。

從老師早逝至一九一九年的二十三年內，濱野彌四郎陸續完成台灣主要都市的上下水道。工事完成的同年，經由東京帝大校長佐藤野次郎的斡旋，濱野出任神戶市技師長。在這一年前，他的著作《台灣水道誌》、《台灣水道誌圖譜》各一卷，也由總督府民政土木局出版發行。

台灣的都市上下水道建設，從一八九六年的淡水街水道建設開始，至一九四○年止，在近代都市計劃下總共有大小水道一百三十三處。總工程費達二四二八萬圓，提供台灣一五六萬人的自來水。尤其是台北的鋼筋水泥的上下水道系統，都比東京或名古屋建設得更早。

在濱野指導下從事水道工程者，就是下節將介紹的八田與一。八田就是興建嘉南大圳（水庫灌溉用水路），使嘉南地區變成台灣最大穀倉的著名人物。

五、嘉南大圳把不毛之地 變為穀倉

八田與一決定為貧苦農民興建大型水庫

　　第二次大戰後，中國國民黨在台灣胡搞亂搞。趕走包括軍人在內的六十萬日本人，毀壞樺山資紀、兒玉源太郎、後藤新平等人的銅像，挖掘日本人的墳墓，推倒墓石及紀念碑與破壞水泥的墓誌銘。接著，他們建造了大小四萬三千尊的蔣介石銅像。

　　台北自來水的水源地，濱野彌四郎依偎在恩師巴爾頓身邊的銅像、濱野的銅像，也都行方不明而引起騷動。中國人徹底破壞這些紀念碑，以免呼喚起台灣人對日本的記憶。

　　然而，一尊日本人的銅像重建了，豎立在台南烏山頭的嘉南大圳一角，它就是土木技師八田與一的銅像。

　　八田在三十二年內陸續參與桃園大圳、嘉南大圳的設計與建設，全台土地改良計劃，組織技術協會，設立及參加「台灣水利協會」。此外，他又致力於大甲溪電力開發計劃、福建省灌溉計劃、成立測量學校等。

　　八田與一在一八八六年生於石川縣金澤市的農家。東京

帝大土木科畢業後，在台灣總督府土木局任技手，一九一四年二十八歲時升任技師。

當時的台灣，有東大前輩濱野彌四郎致力於衛生設備的工程，八田參與設計和監督台南市的上下水道、桃園大圳工程。

八田在督建桃園大圳工程途中，土木局長山形要助下令他去調查電力與水庫的建設。

八田疑問為什麼要叫他呢？山形局長回答說：

> 「要上軌道必須委任年輕的技師、培養年輕的技師，賦予他們責任，對國家而言是重要的大事。要你中途放下工作，是因為還有更重大的事業在等待你去執行。」

八田聽完後，提出灌溉十五萬甲的嘉南平原計劃，使山形局長大吃一驚。至今為止，非但日本，連東洋各國都沒有如此宏偉的水壩，山形自己對如此大規模的工程更從未想過。

山形懷疑八田如此宏偉的工程有實現的可能性。但是他被八田那種出身農家深知農民疾苦，由農民的立場思考經營現代農業的夢想而提出的計劃感動，立刻向上司下村總務長官提出。

台灣冬季乾燥夏天是雨季，加上有二百餘座三千公尺以上的高山。因此，夏季平原容易氾濫。大安溪以南的中南

部、嘉南平原的「看天田」，無論農民如何辛苦耕作，也無法擺脫貧困。為解決這種困境，非建設水庫來灌溉不可。

但是，總督府也為了建設嘉南大圳的可能性展開熱烈的爭論。最後，下村長官認為台灣的未來非挑戰不可，他排除反對意見，決意推行。

決定興建後的一九一九年，委託地質調查專家神保小虎博士作實地調查，確認其安全性。

集結台灣人合力興建

為建設如此龐大的水庫，首先規劃工事相關者的家族所使用的宿舍、學校、醫院以外，還附加游泳池、網球場、購物部、俱樂部、電影院、撞球場、將棋、圍棋、麻將等娛樂設施。

同時也不定時召開運動大會。但是台灣人勞工唯一的娛樂就是賭博。沈迷賭博常常招致打架鬧事，接著被警察取締拘留。勞動者被拘留，工事的進行就發生阻礙。

但是，八田與一並不因此而禁止賭博。賭博是台灣人傳統的娛樂，一旦剝奪了他們賭博的快樂，他們的生活就會陷入低潮。

八田向台南州知事兼嘉南大圳顧問的吉岡荒造直接交涉，懇請知事把包含賭博在內的烏山頭相關事宜交給他處理，默認事實。烏山頭以後的賭博也由他負全責，工人間的打架滋事由他解決，萬一有事他負責擺平。

　　八田認爲必須給工人良好的工作環境和愉快的心情。從此以後，烏山頭可以賭博，但禁止打架。

　　從此，八田賦予監督周圍工事的優秀人才優渥的待遇，沒他點頭什麼也進行不了。

　　　「二千餘名員工當中，優秀者堪稱少數。但是，提拔特別優秀者，勢必引起其他大多數人的不滿。爲了大事業，八田決定不依賴少數優秀的人才，反而注重平凡的多數。他認爲少數的優秀人才應以後再考慮。」

　　八田秉持這樣的考量，據說嘉南大圳完工後他便開始爲優秀的功勞者奔走求職。

實現台灣農業現代化的「八田水庫」

　　一九三〇年完成的烏山頭水庫，堰堤長一二七三公尺，底部寬三〇公尺，頂部寬九公尺，高五十六公尺，水路長達一萬六千公里。水路的長度，是戰後日本最大的愛知水路的十三倍，萬里長城的六倍。總工程費是五三四八萬圓。

　　施工用半水成式工法，在堰堤中心部位用水泥，兩側再用黏土和石頭鞏固的方法。這種施工法是八田提議的，成爲東洋史無前例的破天荒大工程，對安全性的不安質疑也四起。

　　總督府聘請美國土木權威賈士臣到現場再調查。賈士臣認為以日本目前的技術，獨自施工實在困難，八田還年輕，不可能完成。但是，總督府基於培養日本年輕技師的政治判斷，最終通過八田的原案，工程照常進行。

　　開工後歷經十年的考驗，水庫終於完成。為這個工程而犧牲的，包括家眷在內共一三四人，其中日本人有四十一人。

　　嘉南大圳的完工，使本來不值錢的嘉南平原耕地變成良田，地價總額高達一億圓，變成肥沃的土地。

　　如此大規模的灌溉水利工程，不但日本國內沒有前例，更使美國土木學會以「八田水庫」為名向全世界介紹，引起大轟動，成為日本技術向全世界誇耀的大事業。

　　然而，世界知名的八田與一已面臨悲慘命運的襲擊。

　　一九四二年五月五日，八田與一奉命赴菲律賓視察棉花種植灌溉，從廣島縣宇品港搭乘大洋丸向南航行。不料，卻在五島列島以南，遭美國潛水艇以魚雷擊沈。八田葬身大海，享年五十六歲。

　　他的遺體在一個月後，才被漁船的拖網尋獲。妻子外代樹也在日本戰敗之際，依偎在夫君身邊，從烏山頭水庫的放水口跳下，享年四十五歲。

　　一九○一年當時台灣的埤圳不過二座，灌溉面

八田與一與妻子外代樹

積不到八千甲。然而，到一九三二年埤圳總數達到九六六九座，灌溉面積四十六萬三七〇三甲，佔全部耕地面積的五五‧二％。如此利用水的循環、治山治水而設計水利灌溉技術，才實現了台灣的農業近代化。

六、促進台灣工業化的日月潭水力發電

計劃建設台灣為新興工業國家的山形要助和國弘長重

一九一五年就任台灣總督府土木課長的山形要助，主張要將高雄港（打狗港）建設成自由港，以促進台灣南部的經濟發展。它的實現已經是半世紀後的一九六〇年代。

然而，當時的台灣最迫切需要的是電力。台灣南北的產業發展，當務之急是尋找電力的水源。

日本人看中了日月潭水力發電。山形要助派遣屬下的技師到全島各地調查，得到的結論是日月潭最適合水力發電。

發電水源調查由國弘長重技師主導，加上顧問八田與一從旁協助。調查的副產品就是嘉南大圳的水利事業建設。

一九一七年，台灣總督府向寺內正毅內閣提出日月潭水

力發電計劃。然而，當時正逢日本出兵西伯利亞，計劃也就被擱置了。不久，台灣電力株式會社創立，興建發電所的決定是在翌年，第七任總督明石元二郎就任以後。

決定建設的當年九月，進行實地調查；十二月神保小虎博士再進行地質調查，愼重地確認計劃的可行性。

一九三四年，日月潭水力發電工程順利完工，從此成爲台灣電力供應的主流。日月潭第一水力發電所開始供電以前，台灣的總發電量約六萬九千瓩，火力發電爲水力發電的二倍。但是，這些大都是製糖會社的自家發電。

一九三五年台灣的發電量飛躍的增加至三十五萬瓩，一九四三年最盛期則高達一一九萬五千瓩。十年間電力增加約三倍，成爲台灣工業生產的發展期。

如果沒有日月潭發電所的建設，日本推動台灣近代化的產業投資根本不可能，台灣現在仍會是農業國家。台灣的資源缺乏，重要的輸出產品只有砂糖、米、茶葉，完全無法成爲投資的對象。

實際上，日本的海外投資是以滿洲與朝鮮爲中心。統治台灣的五十年間，包括日月潭發電所在內的對台灣的工業投資，也不比對滿洲、朝鮮的投資更少。

台灣最大的國策會社——台灣電力的首任社長由高木友枝出任。他是台灣醫學之父、台灣總督府中央研究所所長（請參考第四章）。台灣電力會社成立後，一九一九年高木退休而出任社長。

一九二九年，後藤新平去世。三個月後高木社長也辭

職，離開居留二十八年的台灣，回到東京世田谷。當時他已經七十二歲高齡，儘管期待看到戰爭的結果，卻在一九四三年以八十六歲去世。

高木拜歌道大師黑田清秀為師，留下許多和歌，包括〈詠日月潭〉、〈芝山巖〉、〈新高山〉、〈檳榔樹〉、〈蓮霧〉等吟詠台灣的風土和風物的眾多作品。

高木的孫子板寺一太郎說：

「祖父的行事有四大原則：第一、不用近親；第二、容納異己之見；第三、簡樸地出差，不帶親近之人；第四、寬容他人的過失。他本來是氣量狹小的人，卻因修養而對他人寬大。」

送給中國人電力的是「帝國主義列強」

戰爭期間，日月潭水力發電所、台灣各地的發電所和台電總公司，都遭受到美軍的轟炸而損毀。

歷任的社長都以愛社心來經營台灣電力，但是終究為戰爭所破壞，戰後只有靜待國民黨接收的命運。

日本領台時代，陸續完成了新龜山、萬大、銅門、立霧、大南等水力發電所。島國台灣的資源，沒有能源絕對無法豐裕起來。水力發電成為推動台灣近代化的最重要開發。

一九四一年十月，台灣經濟審議會提出「十年電力計

劃」，預定建設四十七個發電所，確保一六○萬瓩的電源，這相當於日月潭發電量的十一倍。

達見、天冷、豐源水庫以外，尤其令人注目的是總發電量五十三萬瓩的「大甲溪水力發電綜合開發計劃」。這個計劃準備把新東西線、霧社水庫、頭前溪、烏來、栗棲溪發電等同時進行開工，預定一九五四年完成。然而，正逢大東亞戰爭爆發，計劃當然也中斷了。

一九四五年台灣在國民黨政府介入統治下，國民黨政府也繼承了水力開發計劃，但是半世紀以上所完成的工作，亦不過爾爾。

台灣電力在終戰當時，資本額是一億五千五百萬圓，營業總額達三億七千七百萬圓，發電所三十四所，總發電量達三十二萬瓩，成為台灣近代產業與近代市民生活動力來源的大本營。

魯迅說：「東西沒有比較就不明白。」終戰當時，拿台灣和中國的電力使用量來比較，台灣每一人的平均使用量是中國的二三三倍。單單從這個數字，就可以看出台灣與中國的近代化差距。

在此順便提一下，中國大陸的電力設施幾乎是日本及歐美等所謂「帝國主義」列強留在中國的遺產。中國人與電力、動力來源的開發，從來是無緣的。

生下來就沒有見過自來水和電燈的大陸中國人，和島國台灣人在終戰以後完全未知地相遇，所引起的文化摩擦與文明衝突，也是在如此的歷史社會背景之下。

七、建設通向海外門戶的基隆港

千噸以下的船隻都進不了港的台灣

台灣的陸上交通，直到十九世紀末還未發達，生活上主要依賴海上交通。要在台灣島上整備從中央高山縱走的陸上交通，更是難上加難。

所有河川都流向大海，港口大部分在河口，成為海上往來的地方。河川與河川之間的陸地，住著原住民和從中國大陸來的移民，各自建立閉鎖的村落共同體而分開居住，貨物與人的交流幾乎沒有。

一旦交流，就形成村落間的激烈對立及抗爭，人們為了自衛而不敢開拓陸上道路，不敢在河川架設橋樑，不走陸路而走海路成為常態。因此，台灣的西海岸從大航海時代以來，就依賴港口做為對外及對內的交通樞紐。

當時的台灣，有被暴風雨吹來的船隻或漂流物漂近海岸，原住民及漢族移民就會競相搶掠。船難者不是被殺就是淪為奴隸，這是當時的風俗。

琉球漂流民遇難的「牡丹社事件」，就是在這種背景之下發生的。總督府為嚴禁這種風俗，在一九〇〇年頒布〈台

灣水難救護規則〉。

　　在二十三個港口裡，比較發達的只有北部的基隆、淡水，南部的安平、高雄（打狗）而已。即是說這些港口是只容帆船及小船進出的粗糙港口。在大船不能進港的場合，只有把貨物用小船接駁上岸。

　　台灣的港口離近代海港還很遠，淡水港在滿潮時只能容納一千噸以下的船停泊。基隆港則多暗礁，冬天吹東北季風，半年都在大風大浪之下。基隆港改建以前暴風雨的日子船隻就無法進入，只能駛往澎湖島的媽宮（馬公）灣去避難。

　　一八五八年，安平港因〈天津條約〉而開港，二年後的〈北京條約〉又開淡水港，一八六三年決定開基隆及打狗兩港口。從此，這四個港口可以對外通商。但是只是允許通商，卻沒有整治港口的任何內容。

建設台灣貿易據點成為國際港的川上浩二郎

　　直到日本領台才開始建築港口。基隆港的築港工程，是兒玉總督時代的四大事業之一，作長期的規劃。對這件事最有貢獻的首推川上浩二郎。

　　川上浩二郎（一八七三～一九三三），生於新潟縣古志郡東谷村，一八九八年東京帝大土木工學科畢業。之後歷任農商部技師、台灣總督府技師、臨時基隆建港局技師兼總督府技師等職務。一九〇一年至印度及歐美各國訪問，二年後才回國。

　　一九〇八年七月，他出任台灣總督府臨時工事部技師兼台灣總督府技師；翌年十月，免去兼任，專任建港工程的基隆出張所（辦事處）所長。一九一二年，他獲得工學博士學位，退休後又出任博多灣建港會社專務董事，一九三三年於六十一歲時去世。

　　日本領台初期的基隆港，有往來沖繩、門司、長崎之間的二千噸級的定期航線。但是，船隻到港口附近就進不來，只好換乘舢舨搖搖晃晃的上岸。

　　基隆港在一八九八～一九〇一年的四年間，就有五艘汽船、一艘帆船、十九艘戎克船、五十四艘漁船觸礁。港內的水甚淺，退潮時幾乎半個內港都露出水面，一般二～四公尺，一千噸級的船即使漲潮也無法進入港內。

　　基隆港從一八九九～一九〇二年完成第一期擴建工程，進行了防波堤及港內浚渫工程。接著，在一九〇六～一九一二年連續的七年內，延長七七〇公尺的岸壁、除去港內岩礁、渫浚、岸上架起重機、建築倉庫、建設海壁及內港防波堤等大型工程，才使五艘船舶、八個繫船浮標與六千噸左右的船隻可以停泊。

　　一九二六年，進入基隆港的船隻共計一九五八艘，合計六一一萬噸。從此以後，基隆港年年擴建，更加充實港口的機能。

　　在基隆港以後，打狗（高雄）港也進行建港工程，在戰前成為台灣的二大國際貿易港，及台灣南北的海外門戶；戰後台灣經濟的迅速成長，使高雄港一躍成為世界級的港口。

八、給予台灣美麗現代化城市的日本人

衝動地破壞日本人建築的中國人和韓國人

二十世紀九〇年代末期，還有國民黨議員在台北市議會提議，把位於台北市內的台灣總督府（現在的總統府）那樣宏偉的建築物，以及各種日本時代的建築物拆除改建。對中國人而言這太刺眼了。然而，戰後的日本時代的建築物卻依然使用超過半世紀以上，成為百年大計的台灣歷史貴重遺產。鑑於事實，當時的台北市長陳水扁對此議予以拒絕。

朝鮮總督府在金泳三總統任內被拆除，台灣並不是非效法不可。拆除台灣總督府，則勢必連帶把電氣、上下水道、公路、鐵路、河川堤防、橋樑等所有的日本「殖民地遺產」全部拆除清算？

日本領台以前，台灣根本不存在近代都市。台北城和台南城兩大都市也是人畜共居，全無上下水道及電氣、道路可言。住宅建築除了寺廟、衙門、豪商富戶的大瓦厝以外，一般民家都是土角厝，南北首府的台南、台北也和村落差不多。

　　台灣一向是盜賊社會。建築物首先要考慮的是防盜，全不顧及採光、通風、防濕，空間十分狹窄又不衛生。土角厝相連，共用牆壁，即所謂「公壁」的傳統式住宅十分普遍。

　　台灣建築一向就無法長期使用。因為當時使用的建材都是以土塊、砂石、竹子、瓦等脆弱物品為主。日本建築的特徵是木造，在台灣根本沒有見過。從土角厝變成磚瓦厝，是日本領台以後的事了。

　　緩和地震及暴風雨的上下水道也沒有，水井更是稀少。一八九○年淡水開港後，外商用的水井必須供應四百戶的住民利用。一九一一年颱風登陸台北市，台灣式的土塊建築大半倒塌，市區一片狼藉。總督府趁此機會著手建設大都市。

　　台灣的近代都市計劃事業，是日本領台的翌年（一八九六）開始的。首先，從台北市的下水溝排水工程開始，把台北市的衛生改善起來。

　　一八九八年十一月，總督府又正式成立台北及基隆的市區計劃委員會，開始進行都市計劃。例如拆除台北城城牆、開闢寬四十五公尺的三線道路、兩側並種植樹木、設立公園，並頒布〈住宅建築規則〉。接著，修建淡水河堤防，使台北市不再年年受水患的困擾。

　　市區改建工程從台北、基隆開始，逐漸推展到新竹、台中、彰化、台南、嘉義、高雄、屏東等九個城市以下，合計三十一市街的都市建設。工程費從一八九五～一九三四年為止，累計有一二八五萬圓，其中約一半用在首都台北市街的改建工程。

　　因此，現在台北市內才出現許多的近代建築。其中尤以和東京車站類似的台灣總督府，成為台灣建築的象徵。

　　同樣地，日本領有朝鮮時代所興建的朝鮮總督府，不但是「日帝三十六年」的象徵，也是朝鮮半島近現代史的象徵。

　　可惜現在已被拆除，只能從照片上去欣賞。拆除朝鮮總督府是否定前王朝的象徵，這大概是朝鮮人潛在的衝動吧？

建設至今仍留存的現代化城市的森山松之助、堀見末子、木村泰治

　　一方面，台灣總督府只不過是換了國旗，現在仍然扮演政府中樞的地位。另外，包括台灣總督府在內，今日台北市仍留下許多宏偉的古典建築，大多是森山松之助所設計的。

　　森山松之助於一八九一年東京帝大畢業，一九〇九年渡海來台。他入選台灣總督府建築設計首獎，才得以參加設計興建。森山從來不以設計總督府為滿足，還設計台灣各地許多大小公共建築。例如台灣電力會社（現在的國防部）的建築，就出自他的設計。

森山松之助

　　對台灣近代建築有貢獻的日本人，還有堀見末子（男性）。他

是一八七六年生於高知縣
高岡郡。一九○二年東京
帝大土木科畢業，從事東
京都市改造計劃的工作，
後赴美國六年學習土木工
程的設計和施工。一九○

森山松之助設計：台灣總督府

九年，他以台灣總督府工
事部囑託身分至各國考察
土木相關建設。翌年，他來台擔任總督府技師。

　　從此，他在后里圳鐵橋、基隆港大樓、明治橋、新店溪
堤防、角板山道路、蘇花公路、大安溪、濁水溪護岸工程、
下淡水溪埤圳、二層行溪埤圳、土瓏灣發電、台灣道路改建
計劃、台灣全島國土計劃、都市計劃、水井挖掘工程、淡水
河護岸工程等眾多大小建設中付出半生貢獻。向山寬夫教授
於所著的《堀見末子物語》一書中，詳細敘述了他的生平。

　　另外可舉例的是木村泰治。木村是一八七○年出生，是
木村謙齊醫生的第七個兒子，十八歲就學於東京英語學校，
二十六歲進入內閣官房局任職。二十八歲渡台，成爲《台灣
日日新報》記者。

　　經由內藤湖南的推薦，木村以「地天泰」的筆名留下許
多有名的文章。其中有他對後藤新平、新渡戶稻造的採訪記
事。此外，他又寫了有關兒玉總督拜訪北部豪族板橋林本源
家、簡大獅的歸順式、北埔暴動等特別記事。他做爲歷史事
件的現場記者而活躍於台灣。

木村泰治

　　一九○八年，木村從報社退職而就任台灣土地建物社長，在台北、基隆建造許多建築物。此外，他也歷任台灣瓦斯、台灣磚瓦、台北魚市會社長、台灣電力理事、台北商業奉公團長、總督府評議員、台灣商工會議所主任委員等顯赫的經歷。

　　戰後，他回到日本依舊活躍，一九四九年以八十歲高齡成立「台灣之會」。一九六三年，於九十四歲時去世。他留下《地天老人──木村泰治自敘傳》、《木村泰治遺歌集》，加上遠藤鄭雄著作的《地天老人一代記》，描述了木村泰治波瀾萬丈的一生。

日本的醫療使台灣的衛生環境飛躍地改善

一、台灣本為瘴癘之地

日本領台以前許多移民病死的惡劣環境

一六二四年荷蘭人佔領安平港，建造了熱蘭遮城的一年後，濱田彌兵衛與荷蘭長官努易茲發生爭執已如前述，十七世紀初的安平港，成為日本鎖國前的轉口貿易基地。

此後，台南安平附近從中國大陸來的盲流湧入，日本人漸漸由台灣史上消失；日本人再次在台灣史上出現時，是一八七四年的牡丹社征伐事件。但是，在當地活躍的日本人，為什麼會消失呢？

日本的鎖國政策，使東南亞各地的日本人街幾乎完全消失，是有時代的變化及歷史背景可循；另一方面，台灣的瘴癘（風土病）太厲害，日本人不得不撤離台灣。

當時有關台南的日本人足跡的資料幾乎都沒有留下來，司馬遼太郎在《台灣紀行》中無論如何努力搜尋，也沒有結果。

到十九世紀為止，台灣的確是來往的人無法定居的島嶼。台灣諺語說「人至即病，一病即死」、「十去、六死、三留、一回頭」（即十人中有六人死亡，三個留下來，一人返回大陸），可

見台灣的環境是如何的嚴酷。

中國大陸東南沿岸住民移居台灣，是在荷蘭人領有時代開始（一六二四～一六六一），他們遠渡台灣的悲慘狀況，從一首〈渡台悲歌〉中可以窺見一二：

勸君切莫過台灣

台灣恰似鬼門關

千個人去無人轉

知生知死都是難

就是窖場也敢去

台灣所在滅人山

清國統治台灣的二一二年間，斷斷續續地屬行了一百九十年的「封山」、「海禁」政策，禁止人民渡海開拓。事實上，台灣在十七世紀初就是瘧疾等風土病橫行的地方，全無醫療可言。遠渡波濤洶湧的烏水溝（台灣海峽），九死一生得以渡海，生存率只在三％以下。

我們無法獲得正確的統計數字可檢證，但列舉各種文獻做為參考，以下為比一般人更強壯的軍人所留下的各種記述——

一六三九年，盧若騰的〈島噫詩〉：

「驚聞東海水土惡，征人疫疾十而九。」

一六九七年，郁永河的《裨海紀遊》：

「瘴癘所積，人至即病，總戎王公命弁率百人戍下
淡水，才兩月，無一人生還。」

一七〇四年，江日昇的《台灣外記》：

「台灣初闢，水土不服，病者即死。」

一七一七年，陳文遠的《鳳山縣志》：

「水土毒惡，歷任皆卒於官，甚至闔家一無生還
者。」

從上述有關的台灣文獻看，移居台灣的人和政府官員、
軍人都被「水土」所困擾，多為疫病所苦，許多人病死。一
家全部病死的也不在少數。瘴癘對人而言是大惡，但是在台
灣，瘴癘卻陸續成為抗拒外來入侵者的天然屏障。

西藏高原的氣壓，也成為抵抗外來入侵者的天然屏障
的一例。漢族女性在西藏高原所生的嬰兒，大概只能活到兩
歲，就會因心臟擴大而夭折。而西藏女性所生的嬰兒，就能
夠忍受高原的氣壓。因此，中國政府為了強制西藏人漢化，
鼓勵人民解放軍的士兵和藏族婦女結婚。

向窮山惡水移民的漢人，以季節性勞工為主，都是俗

稱「羅漢腳仔」的單身男性，他們和原住民的平埔族女性結婚，才在台灣島定居。台灣才有「有唐山公，無唐山媽」的俗諺。但是從史料上看，實際的生活環境比俗諺說的還要嚴酷。

沒有日本人出現的亞洲全是不衛生的地域

　　日本領台以前，台灣是「荒蕪」、「瘴癘」、「化外」之地，決非移民或殖民的天堂。當然，這樣悲慘的狀況不只於台灣。二十世紀初，日本人沒踏到的東南亞各國，都是衛生條件極差、疫病肆虐的狀態。

　　例如，朝鮮半島在二十世紀初日韓合邦以前，疫病和飢荒頻頻發生。十七世紀中葉以來的二百年間，平均二・六年發生一次疫病大流行。其中一年間死亡超過十萬人的疫病發生過六次。

　　一七四九年的朝鮮全國大疫病，死亡者有五十萬人的紀錄。朝鮮半島死亡率最高的是疫病，比起「民亂」、「倭亂」、「胡亂」等戰爭或飢荒，疫病奪走了許多人的生命。

　　滿洲自古即是惡疫瘴癘之地，各種傳染病、地方病、寄生蟲肆虐。例如赤痢、腸病毒、鼠疫、猩紅熱、白喉、副傷寒、疱疹、滿洲傷寒、阿米巴赤痢、痘瘡、回歸熱、瘧疾、霍亂等各種傳染病流行。

　　中國大陸也年年遭疫病和飢荒襲擊各地，十九世紀有三

次超過一千萬人死亡的紀錄。水災、旱災發生後疫病流行，凶猛的疫病又跨越萬里長城，進入滿洲，再侵略朝鮮半島。

終戰之後，中國人大量渡海來台，台灣一時受到中國人帶來的霍亂、天花、鼠疫等疫病侵襲甚而全島疫病蔓延。現在，中國大陸依舊疫病盛行，而台灣幸虧在一九五○年代起就和中國隔絕人的交流，才免受中國人帶來的疫病威脅。

另外，日本列島一向享受清潔的水流及大海的包圍，習慣於豐富乾淨的水。因此，日本人厭惡骯髒，尊敬清潔，養成當前日本文化的風土基礎。在這樣的環境下長大的日本人，會將過去的事件當作「流水」般忘掉。此外，日本人又把一切汙穢用水洗淨，視為神道的「祓禊」儀式。「祓禊」不只是祭神的禮儀，更使日本成為世界上最乾淨的國家。

日本人進出海外面臨的最大困擾不是和異民族的文化摩擦，而是當地惡劣的衛生環境和水土改善問題，那是需進一步推行必要的醫療教育的時候了。

只有西洋傳道醫、傳統漢醫及巫醫的台灣

日本統治以前的台灣醫療，又是什麼狀況呢？

十九世紀末為止，台灣是自生自滅惡劣環境下的棄民之島，病人只有祈求漢醫的草藥或道士的「符仔」、「靈丹」，或者求神問卜。山地的原住民相信疾病是災厄，請巫師、巫女驅除附身的惡鬼惡靈做為治療。

另外，土著的漢醫大都存在。根據一八九七年的調查，

台灣全島有一○七○名土著醫生，其中能讀書把脈的「良醫」不過二十九人，兼為醫生的儒生有九十一人，有祖傳祕方的「祖傳世醫」九十七人，通過文字而學習藥方的「時醫」有八二九人。

據一八九九年的紀錄，日本人醫生以外包括馬偕，台南、彰化等基督教醫院在內的數十名醫生，當時台灣的西醫約三八○人。數十名的傳道醫是以傳教為目的，以醫療活動來布教的。與之相比，土著的漢醫約二千人。

可是，日本人對台灣的漢醫評價不高。例如台灣總督府醫學校首任校長山口秀高，就認為漢醫既不懂生理或病理，也不識字。他們只會聽從病人的訴苦，任意用草根或樹皮調和的藥方給患者飲用，這樣的人那有資格稱為醫生？他們能將尊貴的生命當作一回事嗎？

日本領台前的台灣，只有一部分傳教士醫生進行醫療活動，不是個人的，而是配合基督教教會組織的活動而已。將醫療活動做為政府組織的一環，只能等待台灣總督府時代的來臨了。

二、日本統治台灣後疫病急速減少

征討牡丹社而病倒的日本兵

明治維新以後，日本人進出海外，最先在台灣遭遇到瘧癘。「牡丹社事件」發生，一八七四年日本斷然「出兵台灣」，日本遠征軍一登陸台灣南部，立即遭到「台灣熱」的侵襲，病死者比戰死者還多出數十倍。「台灣熱」就是瘧疾或赤痢的熱帶病。

如前所述，這次出兵是明治維新後日本第一次的海外遠征。當時，「陸軍二等軍醫正」桑田衡平，以直屬的「醫院長兼預備醫長」身分隨行。

五月二十二日，日軍攻佔石門。五月三十日，在龜山設立基地總醫院。桑田衡平出任院長負責指揮及執行，並在醫院外設立急救所。

日軍攻擊牡丹社原住民，不但遭遇激烈的抵抗，同時更受到原因不明的「台灣熱」侵襲。

日本軍投入牡丹社之役的軍人軍伕約五九九○人，其中因病而送回治療的達一萬六四○九次，即以每人二～三次接受治療計算。因此，台灣蕃地被稱為「日本醫院」，令日本人不寒而慄。

當時，以遠征軍軍醫隨行的落合泰藏，在他的著作《牡丹社事件醫誌稿》（按：所指為下條久馬一註、賴麟徵漢譯的《明治七年牡丹社事件醫誌》此書）中，詳細描述了當時的慘狀：

「遠征中的九月中旬，連醫生都病倒，患者人數一日平均六百人，每日四～五人的重病患者死在診療室。入院者一二〇人，每日有十五人死亡。由於棺材製造不及，連洋酒桶也都派上用場。」

日本領台前的台灣，盛行鼠疫、腸病毒、赤痢、霍亂、天花、流行性腦脊髓膜炎、瘧疾、恙蟲病等急性傳染病以外，又加上各種寄生蟲病、蛇毒、結核、梅毒、精神病等蔓延，皮膚病或甲狀腺腫均在各地發現。

一八八四年清法戰爭之際，在台灣北部登陸的法軍，也和日軍同樣出現大量的病死者。尤其法國海軍提督孤拔（Andre Anadole Prosper Courbet），也感染赤痢而死於澎湖。孤拔提督生前感嘆他登陸的基隆，是亞洲東海岸最不健康的土地。

攻打澎湖時染上霍亂而死了一千人

一八九五年四月十七日，馬關條約簽訂，早在二十二天以前，日軍就攻打澎湖群島了，清國兵以五營（一營五百人）抵抗四天後匆匆敗走逃逸。

但是勝利的日軍在澎湖群島登陸後，卻有約一千人感染霍亂病死。日軍把這些病死者葬在朝陽門外的七星埔，如今被稱為「千人塚」而受人祭拜。

此外，日本領台初期又遭台灣民主國軍、原住民的抵抗，但病死者仍比戰死者還多。根據杉山靖憲的《台灣歷代

總督之治績》、藤崎濟之助的《台灣史與樺山大將》等資料
來看，日軍戰死一六四人，受傷五五五人，病死四六四人，
病患有二萬六九九四人。瘴癘對日本人的絕大威脅，從上述
數字可知。

　　基於這樣的背景，領台初期的日本帝國議會，就有把台
灣以一億圓賣給法國的「台灣賣卻論」傳出了。

　　但是，甲午戰爭以後登場的近代日本軍和支那的傳統軍
隊不同，戰鬥部隊當中還引進軍醫及衛生兵隨行，在戰場設
立野戰醫院。這對於征服朝鮮與滿洲流行的瘴癘有莫大的貢
獻。在瘴癘流行的中國，只有日軍佔領的山東省沒有瘴癘的
侵襲，這一切都是日軍的功德。

　　新渡戶稻造的殖民地論，以「衛生」為最優先考量，其
更是擁抱台灣這塊「瘴癘之島」所必須的充分條件。

　　其實，瘴癘不只在戰場流行。在鷲巢敦哉的《台灣警察
四十年史話》裡，一八九九年日本統治下的台灣，日本官吏
五五八人當中，就有五三三人罹患瘧疾的病例可循。總之，
在台灣能夠免於瘴癘侵襲的日本人實在太少了。

後藤新平迅速而積極地設立醫療設施

　　日軍在馬關條約後的一八九五年五月二十九日，從台灣
北部的澳底登陸。六月七日又兵不血刃地進入清軍掠奪放火
的台北城。

　　六月九日，設立「基隆醫院」。六月十三日，伊藤博文

設立「台灣事務局」並自任局長，派遣一名醫生、九名藥劑師、二十名護士到台灣。

日本正式開始統治的「始政式」（六月十七日）的二天後，總督府組織「衛生委員會」。翌日，在台北的大稻埕千秋街（日本時代的「港町」）設立「大日本台灣醫院」（台北醫院的前身，現在的台灣大學附屬醫院），迅速展開工作。

「大日本台灣醫院」的首任院長，是由提案設立醫院的濱野昇（濱野彌四郎之父）出任。但是，濱野昇很快就辭職，以後就頻繁的更換院長。

這裏就反映了台灣政情的不安定。日本領台初期，一年半內換了三位總督，行政機構一再變更。直到第四任總督兒玉源太郎時代，對台灣的統治才上軌道。一八九六年十二月，山口秀高出任「大日本台灣醫院」院長以來，醫院的經營才告安定下來。

台灣統治上軌道的兒玉源太郎總督時代，內務省衛生局長後藤新平以衛生顧問的身分來台，在台灣經營政策上特別重視衛生政策。他對統治台灣重要措施的構想是致力於醫療衛生知識的普及，充實醫療機關，設立醫學校以培養醫生。

一八九八年，後藤就任台灣總督府民政長官，立刻積極地著手他的政策。首先，他在一九〇〇年頒布〈台灣住宅建設規則〉與〈台灣污物掃除

後藤新平

規則〉，傾力改善都市的衛生環境。

翌年（一九○一年），後藤制定〈台灣醫師資格規定〉，推進台灣醫療的近代化與制度化。另一方面，後藤又確保施政的財源，設立「公共衛生費財團」，規定民營市場、屠宰場、渡船等公共事業為市街庄的公營事業，徵收租用費。如此徵集的特別資金，做為衛生設施建設費和預防傳染病的費用。

此外，後藤新平考慮到亞熱帶地區特有的驟雨天氣，他設計市街的建築物必須有「亭仔腳」（廊下）。

指向醫療設施改善目標的後藤，修改了總督府醫療官制，將各地官營醫院的地方行政機關官吏，改由直轄總督府，著手迅速的改善設施。結果，總督府在各地廣設醫院。當初第一線直接接觸住民的醫生甚少。

後藤創設醫學校，教育台灣人近代醫學，使醫生成為指導民眾的衛生與醫療行為的人才。

同時，為了戰鬥力而從日本調度人才，設立公醫制度。後藤的公醫制度構想，其靈感來自西洋傳教士的傳道活動。一九○一年九月，他在公醫會的演講中指出：

> 「從外國的殖民地政策來看，任何國家都有利用宗教的力量來輔助統治。這是抓住人心弱點的傳教，破除個人迷信而統一人心。然而，我國卻沒有完全的宗教。而今，同樣要拯救人心的弱點——疾病，以及配合統一的政策，應採用公醫制度。

　　這種方法，可能和當前外國的宗教政策有異曲同工也説不定，但決不比他們的方法還差。現在，依賴精神信仰以達成目的已經證明可行，外國傳教士身兼醫術的物質感化已見成效。這種方法，才是最適當的。」

　　儘管他如此主張，但也有人諷刺地指出：「歐美人的海外發展，是以打著十字架的傳教士為先鋒。然而，日本人的海外先驅卻是穿紅裙的婦人軍。」對此，後藤指出：「取代傳教士的就是公醫。」他積極推行公醫制度。

　　後藤在一八九六年六月接任內務省衛生局長職務，為實地視察而來到台灣。接著，他以總督府令頒布〈台灣公醫規則〉。

　　公醫規則是將受過特別教育的既成醫師，做為公醫配置到指定地區，建立診療所從事醫療工作。此外，公醫又需在地區內達成指導警察衛生、宣撫工作，提高衛生思想，並作防疫、檢查、驗屍、原住民居住地的衛生改善與治療的任務。

　　公醫的人選，由日本招募一一五人，他們的薪資有所差距。一等地為五十圓，二等地為七十圓，三等地為一百圓，邊地則月給更高。如此，使軍醫與公醫冒著與瘴癘、暴雨、惡水日夜奮鬥的風險，自己也感染惡疫而倒下，但也有為凶刀及凶彈射中而殉職者。

　　不論付出多大的犧牲，後藤毅然推動改革，從淡水、基

隆、新竹、宜蘭、鹿港、苗栗、雲林、埔里、嘉義、台南、打狗（高雄）、鳳山以至澎湖各地都廣設醫院，恒春、台東則設立診療所。

　　根據《台灣總督府公文類纂》所述，台灣的開業醫師第一號，是台灣總督府始政式以後四個月，在基隆市開業的今村左太郎醫師（一八九五年十月二日許可）。今村醫師畢業於鹿兒島醫學校，在縣立神戶醫院、大阪府立醫院服務後渡海來台。

　　據一八九七年的統計顯示，當時的台灣官營醫院有十七所、私營醫院有十二所，合計二十九所。到一九三四年則有官營三十五所、私營一八二所，合計二一七所的飛躍增加。

　　一八九五年開設的「台南醫院」，以美侖美奐的西洋建築聞名，被稱為「山醫院」。規模最大的「大日本台灣醫院」，如今成為台灣大學附屬醫院。台南醫院是府立最大規模的醫院，台南醫院的院長，是熊本醫科大學校長明石眞隆，後來更在九州帝大傾力研究台灣風土病，對台灣的醫療貢獻很大。

　　經過後藤的努力，台灣全土的衛生設施系統才漸漸確立。一九〇二年起，公醫費、傳染病預防費、消毒費、水井及地下排水、污水清掃費、衛生品檢查費、自來水費等費用，都由各地方稅來撥付做為各地的衛生經費。地方財源不足之處，則由中央政府的國庫直接補助。

　　日俄戰爭當時，台灣也實施戒嚴令，不過在日本勝利後的一九〇五年就解除戒嚴令，以示勝利的成果。同年十一

月，政府以訓令第二三四號公布〈大清潔法施行規則〉，規定春（三月）和秋（九月）二季爲全台灣定期大掃除季。警察經常檢查各家庭的清潔狀況，使台灣人養成天氣好的時候把棉被拿出來拍打、打掃（拚）房屋的衛生習慣，即台語的「打拚」。台灣總督府致力改善衛生環境，也使台灣人被迫養成衛生的習慣。

如此惡劣環境下的台灣，當時平均壽命只有三十歲左右。然而，日本領台十年後的一九〇五年，每千人的平均死亡數爲三四一人，至一九一二年降至二五‧三人，一九二五年更降至二十人以下的驚人變化。由平均壽命三十歲而升至終戰當時（一九四五）六十歲的平均壽命，這在當時的世界是極爲罕見的成功例證。

三、獻身撲滅瘴癘的日本人醫師

猛烈地撲滅鼠疫和腸病毒

一八九六年四月，台灣總督府頒布〈船舶檢疫暫定手續〉，向各地方行政機關下達命令，基隆、淡水、安平、打狗（高雄）、鹿港等港口開始檢疫。

接著，同年七月二十日，又公布〈傳染病預防消毒心

得〉。十月十五日，再公布〈台灣傳染病預防規則〉，規則第一條指定的八種傳染病為霍亂、鼠疫、赤痢、天花、發疹傷寒、腸病毒、白喉、猩紅熱等。

一八九九年八月二十一日，總督府再公布〈台灣檢疫規則〉，基隆、淡水、安平、高雄的四個檢疫所改制為檢疫港。

總督府對港口進行嚴厲的檢查，是因為台灣經常遭受中國大陸傳來的霍亂侵襲。一八九五年日軍登陸澎湖群島當時，六一九四名士兵當中有一九四五名感染霍亂，死亡一二四七人。罹患率達三十一％，死亡率更高達六十四％。此後，台灣經常有霍亂流行。

一八九六年五月，從由廈門進入安平港的中國船隻中檢查出黑死病，疫情迅速蔓延台灣。堀內次雄（後來擔任台灣總督府醫學校第三任校長）趕至台灣，從事黑死病的調查工作。

當時派遣至台灣的醫師當中，只有堀內次雄同時具有使用顯微鏡又專攻細菌學的學養，但是台灣人卻阻止堀內所率領的醫師團的檢疫。

當時的台灣人對檢疫抱持強烈抗拒的心態。台灣人認為醫官用石灰及藥水消毒，將冷水灑在人的身上會死人，火葬又使死無葬身之地的屍體到處被點火。同時，醫官解剖屍體又會損毀屍體。種種因素使堀內的疫病檢治工作，遭到了台灣人的抵抗。

在這樣的困擾之下，從一八九六～一九一七年間，黑死病的患者有三萬○一○一人，死亡者達到二萬四一○四人，

死亡率八○・○八％以上。這二十二年間，黑死病依舊肆虐，成為台灣人的夢魘。

黑死病在眾多場合是以老鼠為媒介而傳染的，總督府把滅鼠做為首要急務。從當時滅鼠的統計可見，在一九○八～一九二四年的十七年間，捕獲的老鼠共計五四一一萬○四四二隻的龐大數字。老鼠多在市街或田野大量繁殖，可以想像當時衛生環境的惡劣程度。

一八九六年十二月，台灣總督府聘請東京帝大的病理學者緒方正規教授和山極勝三郎助教授等人，來台灣調查黑死病。緒方和堀內次雄一起埋頭研究黑死病的感染過程。

他們的努力使黑死病開始減輕，直到一九一七年才撲滅。台灣人歡欣鼓舞地舉行「黑死病滅絕祝賀會」，擺脫了這個大患。

腸病毒在台灣又稱「傷寒」，在一九一二年以降大流行。每年感染者達一千人，死亡者有一百～二百人。一九○三年，堀內次雄在台灣成功檢驗出副腸病毒B菌。四年後的一九○七年，黑川嘉雄又成功檢驗出副腸病毒A菌。

撲滅台灣瘧疾的木下嘉七郎、羽鳥重郎、小泉丹、森下薰

但是，在所有肆虐台灣島的瘴癘當中，最大的威脅首推瘧疾；在一九一一年以前的台灣，瘧疾是最大的死亡原因。從統計上看，每年的死亡數少則數千人，多則超過一萬人。

例如一九一五年台灣人口三三一萬人，罹患瘧疾的死亡者有一萬三三五〇人。

不只台灣，這是亞熱帶地方共有的風土病；古代羅馬帝國的衰亡，傳染病恐怕也是原因之一。

牡丹社事件發生後，一八七四年日軍遠征台灣之際，一八八四年清法戰爭之際的法軍登陸台灣北部，一八九五年日軍出兵台灣之際，所有踏上台灣的外敵，都遭到不明的「台灣熱」侵襲。

台灣熱不只侵襲外敵，也使原住民懊惱。原住民把忽冷忽熱的症狀，當成惡魔般的恐怖，稱作「寒熱病」或「惡魔病」。此外，又有人把瘧疾當作一種「氣」入侵人體，稱之為「瘴氣」。

日本在出兵台灣當初，日軍無法醫治瘧疾，因而很多人病死。台北城內的「台北兵站醫院」無法收容太多的患病士兵，只好在天后宮又另設「第一分室」。

瘧疾終於在一八九七年被發現是受瘧蚊（Anopheles）叮咬感染。這是英國人駐印度軍醫、熱帶病研究者羅斯（Sir. Ronald Ross）所發現確認的，二年後再經由曼遜（Manson）作人體實驗得到證實。羅斯因為這個發現得到一九〇二年的諾貝爾醫學獎。

台灣的瘧蚊有十一種，加上變種共有十六種。在羅斯發現瘧蚊的

羅斯

二年後，木下嘉七郎在台灣深入研究瘧蚊後，發表最初的論文。此後四年，木下又去印度，這位對台灣瘧疾有重大貢獻的學者，卻以三十六歲之齡早逝。

曼遜

同一時間，羽島重郎也在台北地區研究、調查瘧蚊，他發現瘧蚊的新種，取名爲「台灣瘧蚊」（Anopheles Formosa）。

小泉丹也致力於台灣的瘧蚊種類與生態的研究。他指出瘧蚊的盛產期是每年的五月與十月，衰退期是三月與八月。他並確認感染瘧疾後的人體潛伏期約二星期，感染者則會在一、二個月以內死亡。

小泉的助手森下薰（後來擔任台北帝大醫學部衛生學教授）又針對瘧蚊的分布和脾臟腫大的關係，踏破全台灣去調查。因爲這些研究者的功勞，一九二九年四月，中央研究所才成立「瘧疾治療實驗所」，由小田定文、菅原初男、並河汪、石岡兵等人貢獻心血，致力於撲滅台灣的風土病。

經由日本人醫師的努力，瘧疾終告滅絕，其他的瘴癘也漸次退出醫療，台灣變成清潔的適合居住的島嶼。以下也是事實的展示：

森下薰

戰後的台灣，要區分台灣人和中國人最簡單的特徵，就是看誰的臉

上有痘痕。罹患過天花的人，臉上當然會留下痘痕。
戰後，台灣人的臉上幾乎都沒有痘痕，大麻子幾乎都
是從中國大陸來的人了。

四、撲滅鴉片

後藤新平的漸禁政策使鴉片中毒者急速減少

　　李鴻章指出，吸食鴉片是「台灣四害」之中，絕對無
法根治的大害。四害指的是「瘴癘、鴉片、土匪、生蕃」。
李鴻章在馬關條約簽訂時對伊藤博文總理警告說，「化外之
地」的台灣是「鳥不語花不香，男無義女無情」的島嶼。他
又恐嚇對台灣認識不足的伊藤總理說，台灣的「生蕃」佔人
口的六〇％。

　　首任總督樺山資紀上任以來，立刻下令嚴禁吸食鴉片的
刑罰令，但也深知只用嚴刑處罰也無法根治。中國的鴉片鬼
即使用各種刑罰，甚至送到刑場砍頭也無法徹底解決。

　　鴉片戰爭以後，中國人吸食鴉片的量已經減少，但吸食
人口卻年年增加，一九三〇年代的吸食人口推定至少有三千
萬人。上海教父杜月笙所經營的「三鑫公司」（經營賭場、妓女

戶、鴉片）的每年總收入，據說有中國國家預算的六分之一。

　　中華人民共和國成立後，中國人當中每四個人就有一人有麻藥經驗，即推定約三億人。販賣麻藥被逮捕就押到刑場公開槍殺，問題也無法完全根治。

　　敢公然向這個禁區挑戰的人就是後藤新平。醫師出身的他，深刻知道台灣的鴉片問題，從日本內務省衛生局長到台灣民政局長時代，他就下令進行綿密的調查才得以完成《鴉片事項調查書》。這是一本「台灣鴉片問題的百科全書」，內容包括詳細的調查研究及分析報告書。

　　台灣也和中國一樣問題重重。後藤新平對鴉片問題通過綿密的研究調查，深知不可能全面禁止。如果強行實施嚴禁政策，必定引起吸食者強烈的反抗，甚至釀成暴動，至少要調派二個師團的兵力才能鎮壓。即使派大軍鎮壓，也絕對無法禁絕。嚴禁髮辮、纏足、鴉片成為日本統治台灣的三大禁制。

　　實際上，首任總督樺山嘗試嚴禁吸食鴉片的強硬政策完全失敗。進而引起日本政學各界激烈論爭鴉片政策。後藤新平記取這個教訓，採取懷柔政策。

　　後藤對鴉片中毒的根治，採取五十年長期計劃的「漸禁政策」，將鴉片納入國家的專賣制度管理，開放「有條件地吸食」，慢慢減少吸食者。

　　同時，國家可以增加二四〇萬圓以上的收入。日本領台初期的資金、軍費一向仰賴日本中央政府的補助，能在台灣調度資金，就可以克服重重困難。此外，又從拯救吸食鴉片

者的「人道的」考慮來看，「漸禁政策」是有效的方法。

　　後藤經由專賣局公營的鴉片製造工場，及成立專賣制度。再把鴉片收益充作台灣衛生事業設施的主要經費，可說是一石二鳥的良策。

　　但是，戰後國民黨政府的反日教育，灌輸台灣人說後藤公然向台灣人販賣鴉片，以支持財政，是罪大惡極的壞人。這當然是歷史的扭曲和捏造。

鴉片政策成功的日本與失敗的中國

　　後藤把他的構想，向當時的內務大臣野村靖提出，得到他的贊同。接著，後藤又在一八九五年十二月，向台灣事務局長伊藤博文提出他的〈關於台灣島鴉片制度的意見書〉。

　　翌年四月一日，頒布〈台灣製藥所組織規則〉。所謂「製藥」就是製造鴉片，後藤任命加藤尚志為台灣總督府製藥所所長，開始近代的鴉片製造事業。

　　一八九七年一月，總督府發布〈台灣鴉片令〉，同年四月開始實施全島鴉片吸食者的調查。一九○○年調查結果，台灣的鴉片吸食者有十六萬九○六四人，佔人口的六‧三％。基於調查結果，給予鴉片吸食者特許（吸食的特別許可證），其他人則一律禁止，並開始推行鴉片專賣制度。

　　漸禁政策逐漸生效。實際上，約十七萬的吸食者至一九三五年只剩一萬六千人，激減至十分之一以下。至一九三九年更只剩下五百人的成果。

　　總督府和鴉片同時禁止的是纏足，一九○五年纏足婦女佔女性人口約七成（八十萬以上），到一九三○年減至六分之一（約十四萬人）。尤其三十歲以下的年輕婦女，纏足的人不到千分之六。

　　看到「鴉片漸禁政策」成效的清國實力者劉坤一與張之洞，也上奏主張效法一九一○年台灣的制度，施行鴉片專賣及漸禁政策。一九二三年，英國海關稅務司阿格連，更向萬國禁煙會提議，派人到台灣學習鴉片制度，翌年五月三日的上海英文報《字林西報》上，他盛讚台灣鴉片政策的成功。一九二四年萬國禁煙會也作了介紹。

　　然而，中國的鴉片禁斷政策卻完全失敗，吸食者年年激增。

如今仍在台灣繼續發展的後藤新平的衛生思想

　　如上所述，台灣醫療衛生環境改善的最大功勞者是後藤新平。

　　他的口頭禪是「殖民地政策就是生物學」。第四任總督兒玉源太郎在上任歡迎會上問他：「什麼是生物學的原則？」他回答說：「不可殺雞取卵。」

　　後藤在就任滿洲鐵路總裁三個月前的一九○六年七月，送給後任總督府官吏的最佳禮物，就是統治台灣的真髓。這是他在九年任內的寶貴經驗，其中一項指出：

　　「新版圖的統治基於生物學的原則，參考地文學，
推究繼往將來，臨機應變，不拘泥於繩墨，期待能
死活自在地決斷，熟悉各國殖民政策，做為實施的參
考。然而，慎戒模仿各國殖民政策。」

　　從他的訓誡中，可以窺見後藤那種宏觀的與綜合的新領
土經營策略。後藤新平的經營台灣，從生物學的、地文學的
原理和宏觀的視野觀看台灣，展開綿密的科學調查研究。現
時也在世界史上有歷史意義的評價，特別值得一提。

王育德

　　後藤將瘴癘之島台灣，改變成
為「文明開化的國家」。我推測、
分析他的手法是從「衛生」的原理
和制度著手。我確信在他七十三年
的生涯間，留下許多有關「生物學
的」、「解剖學的」足跡。

　　中華文化、
文明，數千年來
老是強調「仁義
道德」，從來就沒有「衛生」的德目觀
念，因而「瘴癘之地」也同時是「化外
之地」。有關日本經營台灣的貢獻，尤
其是從「衛生」項目有所評價的著作，
首推王育德（一九二四～一九八五）教授著作

《台灣・苦悶的歷史》，
王育德著，前衛出版

的《台灣‧苦悶的歷史》。

之後，一九九七年台灣所採用的新版歷史教科書《認識台灣》（歷史篇、社會篇），也忠實地反映王育德教授的觀點，把「衛生」的貢獻做爲大日本帝國的貴重遺產，給予高度的評價。

五、培養台灣成為世界醫師產地的日本醫學教育

優秀人才輩出的台灣總督府醫學校

日本確立了台灣醫療衛生的環境，對台灣人子弟的醫學教育有很大的功勞。

一八九九年設立的台灣總督府醫學校和師範學校，成爲台灣近代民族運動的源流。尤其醫學校發展的百年以來，台灣因成爲世界上最大的醫師產地而聞名。以往的疫病之島台灣，成爲人們居住的好地方，醫學界爲改善台灣的各種環境付出莫大的貢獻。

台灣總督府醫學校是當時台灣唯一的最高專門學校，一九○二年第一屆畢業生只有黃瑤琨、蔡章勝、蔡章德三人而已。他們三人都順利畢業，在畢業典禮上接受後藤新平的

謝唐山

祝賀。

　　第二屆畢業生很少，只有陳恩培一人。第三屆有十人，第四屆有九人，第五屆有二十三人，年年增加。其中，第三屆畢業生前二名，是遠從台東來的謝唐山和孟天成。

　　謝唐山後來和台灣經濟界大老李春生的孫女結婚，並以第一個台灣人外科醫師在台北市太平町開設「順天醫院」；孟天成在畢業後進入解剖教室，一九○七年成爲解剖學講師，一九一四年辭職，遠赴南滿洲的大連開業，他也是醫學校的第一個台灣人教師。

　　第十屆畢業的王受祿，在一九二五年獲得德國魯茨大學授與醫學博士學位。第十三屆畢業的杜聰明，在校期間成績優秀，畢業後師事藥理學的森島庫太，取得京都帝大醫學博

杜聰明

士學位，這是台灣人的第一位。由於成績和評價良好，杜成爲第一位擔任醫學校藥理學教授的台灣人。

　　和杜聰明同期的賴和，畢業後遠離醫學界，以台灣近代文學之父揚名。第十四屆畢業生的蔣渭水，也沒行醫而選擇踏入領導台灣民族運動之路。第十九屆畢業生王通明，在一九二二年進入東京帝大醫

學部皮膚・泌尿科，取得東京帝大博
士學位。同樣取得東京帝大博士學位
的，是第二十屆畢業的吳場。

賴和

　　台灣總督府醫學校，就這樣各方
面的人才輩出。

　　台灣總督府醫學校創立當初，全
部是公費。醫學校的學生幾乎都百分
之百合格，但也有不少中途退學的。以當時的情況，畢業生
實在太少了。

　　但是，醫學校改名爲台灣總督府醫學專門學校的
一九一九年，許多人渴望入學，使得入學更加困難。同年只
招生四十名學生，就有六百人應試，合格率才六・七％，太
有人氣了。

　　在此回顧台灣的醫學教育機關變遷的歷史：一九九七
年出版的《台大醫學院百年史（上）》序中（謝博生委員長）指
出：台北帝大醫學部創立於一八九七
年四月十二日。

　　它先是台北醫院的附屬醫學講習
所，一八九九年成爲台灣總督府醫學
校，一九一九年改爲台灣總督府醫學
專門學校。

　　接著，一九三六年改隸台北帝大
附屬醫學專門部，同時與台北帝大醫
學部合併。

蔣渭水

　　一九二二年，第八任總督田健治郎時代，頒布〈台灣教育令〉，因而創立台北帝國大學。接著，第十一任總督上山滿之進時代，於一九二八年三月十七日頒布第三十一號敕令，在台北帝大設立文政與理農學部。

　　日本的進步文化人，把日本在韓國首爾的京城帝大設立文政學部、在台灣的台北帝大設立醫學部，視爲殖民地統治的手段，全是無知的歷史捏造，毫無事實根據。事實上，台北帝大最初設立的，是文政與理農二學部。

　　台北帝大設立醫學部，是在創校十四年後的一九三六年。所以，醫學部的設立相當遲。因爲在田健治郎總督時代，有四個方案互相競爭，導致醫學部遲遲未決定。這四個方案爲：

一、昇格案：把醫學專門學校昇格爲單科大學而廢止醫學專門學校。

二、綜合大學案：在台北帝大設立醫學部，成爲綜合大學。

三、併設案：爲了合併大學及專門學校，而把台灣總督府醫學專門學校做爲台北帝大附屬醫學專門部，另外在台北帝大內設立醫學部。

四、帝大附屬醫專案：把台灣總督府醫學專門學校做爲台北帝大的附屬學校。（但是，預算及教員取獨自採算制，名稱改變成爲大學的一部分則又矛盾）

小田俊郎

森於菟

醫學教育必須有龐大的預算，總督府對政治、社會的背景與財政預算兩方案作慎重的評估，經過九年的歲月，才做下決定。總督府所採擇的是一九二四年提案中的第三案——「併設案」。

新設立的台北帝大「醫學專門部」內科教授，是在一九三四年由日本派來的小田俊郎開始準備設立。

另一方面，台北帝大「醫學部」部長由前東京帝大醫學部法醫學名譽教授三田定則上任，又授與醫學部主事的職務。如此一校二制，只有台北帝大才有這樣奇怪的決定。

首任醫學部部長三田定則，為了充實台北帝大醫學部成為日本第一優秀的學部，廣招各界的一流教授。當時到台北帝大醫學部任教的都是最高水準的教授。

從已經居住台灣的算起，包括橫川定（寄生蟲學）、杜聰明（藥理學）、森下薰（衛生學）。專程從日本延攬來的，有富田雅次（生化學）、森於菟（解剖學，森鷗外的長子）、細谷省吾（細菌學）、箕島蒿一（生理學）、細谷雄二（生理學）、金關丈夫（解剖學）、和氣巖（病理學）等名師。

醫學部的第一次招生，學生立刻大量湧來，更有人從日本趕來應試。結果應試的一〇二人中，合格的有四十人，合

三田定則

橫川定

細谷雄二

桂重鴻

酒井潔

格率三九‧二％。比起當時東京帝大醫學部的合格率五五‧六％，可見其是更加難以錄取。

　　終戰後到一九四六年四月十三日為止，總督府官吏以下四十萬居住在台灣的日本民間人士遣返日本。留下來七千餘名日本技術者，包括家屬約二萬五千人。台北帝大醫學部留下來的是解剖學的森於菟和金關丈夫、生理學的細谷雄二和竹中繁雄、寄生蟲學的森下薰、病理學的薄田七郎、公共衛生學的大瀨貴光、內科的小田俊郎、桂重鴻和柳金太郎、外科的澤田平十郎和河石九二夫、小兒科酒井潔、婦產科的眞柄正直、眼科的茂木宣、耳鼻喉科的上村親一郎等人。

　　然而，一九四七年的二二八事件爆發後，由於中國政府懷疑事件背後有日本人的煽動，許多日本人為了自身的安危就陸續回國了。

　　迎接醫學部創立一百週年的同時，台北帝大也被視為台灣的東大而變成台灣大學，下設七個學院、二十七個學系、二個研究中心，教師與學生總數約一萬餘人。

台灣總督府醫學校首任校長山口秀高

山口秀高

　　台灣最初的醫學校是由台北醫院附屬醫學講習所開始，後來台灣總督府醫學校首任校長是山口秀高（一八六六～一九一六）。

　　山口於一八九〇年畢業於東京帝大醫學科，出任沖繩縣立醫院第六任院長。他在任內致力於醫學研究與發行醫學雜誌，和沖繩縣政府對立，在一八九三年辭職。

　　後來，他遷居大阪，任日本生命保險會社醫長。一八九六年，接受衛生局長後藤新平的邀請，渡海來台創立醫學校。

　　但是，當時在台灣的第三任總督乃木希典和民政局長曾根靜夫卻認為，在台灣設立醫學校的時機還太早。山口只好先在台北醫院開辦附屬醫學講習所，並在一八九八年二月發

行《台灣醫事雜誌》。

　　一八九五年六月設立的大日本台灣醫院，當初只有內科和外科而已。然而，一八九七年三月，山口就任台北醫院（大日本台灣醫院改名）的「院長事務囑託」不到三個月，就使眼科從內科獨立出來。山口院長是眼科出身，他任命瀨尾昌索為首任眼科部長。

　　一八九八年七月，台北醫院的產科也由外科獨立出來成為婦產科，首任部長由川添正道出任。川添是隨堀內次雄來台灣的醫師，來台時只有二十四歲，歷任內科、外科、眼科的醫師職務後，成為最年輕的婦產科部長。當時，台灣全島的西醫約三八〇人，軍醫約二百人，基督教的西醫約十人。台灣總督府在一八九九年三月，在台北醫院內設立醫學講習所，開始台灣人子弟的近代醫學教育。

　　當時進入講習所的，是國語傳習所的畢業生、漢醫學徒、藥局子弟等背景出身的人。招募學生相當困難，當時的台北醫院醫師堀內次雄，受後藤新平委任擔起這個重任，他回憶說：

　　　　在國語傳習所學習六個月日語的學生，是各方面聘請的通譯，每月有四十、五十圓的高薪。相對的醫師修業要四～五年，社會地位又低，幾乎找不到學生。只好勸教台語的學生，另外又向藥局或漢醫勸誘，才找到十餘人，給他們一點錢，才開始進行講習。但是，講習所還比不上日本私塾的規模。

　　台灣總督府醫學校開校，是二年後的一八九九年四月一日。台灣總督府任命山口秀高爲台北醫院院長兼醫學校校長。修業年數是預科一年，本科四年，全部公費。入學資格是醫學講習所畢業生與公學校（小學）畢業生。

　　第一期入學者，有十五人來自醫學講習所，其中五人編入本科二年級。接著，又從全島各地招考七十人進入預科。五月一日開始授課，一九○二年三月採取全部學生住宿制度。

　　另一方面，台灣醫學校開校當時，日本國內的醫科大學也只有東京帝大一校而已。但是，一八九九年京都醫科大學昇格爲京都帝大。四年後，又有長崎、仙台、岡山、金澤四所醫學專門學校昇格爲大學。

　　然而，山口秀高在醫學校開校演講中指出，醫學校將邁向大學發展的構想。同時也打出將來會接受中國留學生的構想。後藤新平對他這個嶄新的想法十分感動，並且表示贊成。

　　從醫學講習所到醫學校校長的二年九個月裡，山口備受後藤新平的重用，他個性強烈不惜頂撞上司，老是和政府高官過不去。他所創刊的《台灣醫事雜誌》，也表現出明治人獨特的霸氣和矜持；由於他太孤傲不肯和總督府上級官僚妥協，厭惡煩瑣的法令，一九○一年十二月這份刊物終告停刊。

　　同年十二月三十一日，山口被迫去職，但對醫學的熱

情並未使他離開醫學校。爲他的去職憂心的醫學校第一屆畢業生，在接受兒玉總督親手頒發畢業證書時，直接向兒玉申訴，兒玉也聽不進他們爲山口申辯和請願的聲音。

後藤新平對他的處境十分同情，一九〇二年推薦他爲警察廳警察醫長，一九〇七年推薦他爲滿鐵理事，一九〇九年又推薦他爲鐵路醫院眼科部長，都一再遭到山口的拒絕。

山口秀高借錢自費到德國留學，獲得博士學位。回國後，在東京開設眼科診所。然而他不喜歡開業，晚年又煩惱無法返還借款，在苦悶中鬱鬱而終。

山口在留學德國期間，仍念念不忘台灣醫學校，常以德語介紹他創辦的台灣醫學校；然而，井出季和太的《台灣治績志》裡，只介紹高木友枝爲台灣醫學校首任校長，第二任爲堀內次雄，山口的名字完全沒有出現。但是，山口爲台灣醫學校與醫學雜誌創辦的努力，台灣人是不會忘記的。

台灣總督府醫學校第二任校長
高木友枝：「台灣醫學衛生之父」

在山口秀高辭職之後繼任的，是在台灣醫學界留下很大功績的高木友枝。

高木友枝（一八五八～一九四三）生於福島縣，一八八五年東京帝大醫科畢業。後來在福井和鹿兒島的縣立醫院擔任院長，也進入北里柴三郎任所長的傳染病研究所工作。他也擔任過血清藥院技師兼內務技師，是著名的細菌學者。

　　台灣鼠疫流行，搞得官民十分狼狽之時，後藤新平延攬細菌學權威的高木，接任山口辭職後的醫學校校長。高木是後藤的世交，他擔任醫學校校長十三年。

　　一九○二年三月三十一日起，他歷任台北醫院院長、日本紅十字會台灣支部副部長、台灣總督府衛生課長兼台灣總督府醫學校校長。辭去校長一職後，他轉任總督府研究所（後來的中央研究所）所長。一身背負起台灣醫療衛生核心的大任，不愧為台灣的「衛生總督」。

　　高木校長備受台灣人學生的仰慕。他不像國語學校的老師那樣，禁止學生在校內使用台語，他盛讚「台灣衫是全世界最衛生的衣服」。如台灣第一位醫學博士，後來台灣醫學界中心人物的台灣人醫師——杜聰明教授所言，「高木校長不但是最棒的校長，也堪稱台灣醫學衛生之父。」

　　以後藤和高木的交情，早就知道世人對他的評價，他們在大學時代就已是知己了。

　　一八九三年，後藤因為「相馬事件」入獄半年。當時，他把家人交待高木照顧。甲午戰爭時，後藤出任臨時陸軍檢疫部高官，就聘請高木出任似島檢疫所事務官。高木負責霍亂血清的製造、軍艦霍亂患者的治療工作。霍亂血清能實際使用，更是世界上的頭一次。

　　高木的功勞，根據《台大醫學院百年史（上）》所述：

　　●確立府（總督府）立醫院醫師的互相配置輪調制　　度。

- 支援提拔日本的優秀醫學專門學校畢業生到台灣服務，派遣學生到國外留學二年。設立授與醫學博士獎勵辦法，充實台灣醫學校的內容。
- 重視醫學倫理，強調「當醫師之前先學會做人」。任職校長的十三年間，自己擔任修身教師啓發學生。
- 提供醫學校畢業生公費到日本留學。
- 一視同仁，從未區分日本人和台灣人學生。
- 向後藤新平提議設立研究機構，成立台灣總督府研究所（後來的中央研究所）。
- 奠立台灣全島的公立醫院基礎。
- 現在的台灣大學醫學部主要建築，都是在他任醫學校校長時代完成的。

　　台灣總督府中央研究所，是在高木的提案和後藤的協助下於一九○五年開辦的。最初是在醫學校北邊的部分建築開始，經過四年才開始運作。

　　一九二一年，台灣總督府研究所改名爲中央研究所。後來，又擴充設備，分爲農業試驗場、林業試驗場、園藝試驗場、糖業試驗場、工業研究所等。同時，又把衛生部改稱熱帶醫學研究所，成爲台北帝大的附屬機關。

　　在研究所工作的員工，大都是中央研究所衛生部的技師兼醫學校教師，或者是教師兼技師。因此，中央研究所擁有四四一名博士。

　　高木就任台北醫院院長兼醫學校校長之時，也創設台灣醫學會，發行《台灣醫學會誌》。這份刊物在世界醫學界留下了不可磨滅的成績，而前任的山口時代停刊的《台灣醫事雜誌》，等於也實際上復刊了。

　　留下如此功績的高木，在一九〇五年把台北醫院院長職務交給長野純藏，專任中央研究所所長。一九一九年，第七任總督明石元二郎聘請他出任台灣電力株式會社社長。一九四三年十二月二十三日，他以八十六歲高齡去世。

台灣總督府醫學校第三任校長堀內次雄 半世紀奉獻台灣醫學教育

　　醫學校第三任校長堀內次雄（一八七三～一九五五），以其勤勉與踏實為高木校長和後藤新平所欣賞，進而提拔他為台灣總督府醫學校校史上唯一沒有大學畢業學歷的校長。此後，他任醫學校校長一職長達二十一年。

堀內次雄

　　堀內於一八七三年生於兵庫縣。一八九四年畢業於仙台第二高等中學校醫學部，翌年三月出任陸軍三等軍醫，配屬近衛師團的混成旅團，隨軍出兵台灣八個月。堀內目睹當時的瘴癘之島，認為台灣必須有醫師，退伍後正式學習細菌學，目標指向台灣。

他在東京帝大緒方正規教授的衛生學教室接受指導，又認識剛從德國回來的坪井次郎（後來任京都帝大校長），才由坪井介紹他給後藤新平。因為這個機緣，他被聘為台北醫院的醫師，一八九六年十月搭乘軍用運輸船渡台。

堀內赴任的台北醫院，正是山口秀高首任院長的時代。一九一五年三月，堀內作夢也沒想到會接替高木院長，成為醫學校的第三任校長。

他除了在日俄戰爭之際奉召到各地戰場，以及幾次赴歐洲和南洋短期考察以外，幾乎是足不出台灣。終戰後，他留在台灣大學醫學院教授公共衛生學，五十一年的生涯全力奉獻給台灣的醫療教育。他的功勞，被評價為不但是撲滅台灣傳染病（瘴癘），更是開拓醫學教育的第一人。

日本時代是台灣醫學史上的黃金時代。堀內是這個時代最貴重的歷史見證人。台北帝大教授，後來成為大阪大學榮譽教授的森下薰就盛讚說：

「如果沒有堀內先生始終扮演台灣醫學史上的主角，台灣醫學史恐怕就寫不出來了。」

堀內就任校長當年，就建議為高木校長豎立半身銅像，高木本人不同意，而一再拖延。二年後的第四次校友會（OB會）大會上，他又提議為首任校長山口秀高設立半身紀念銅像，並以此向高木勸說。

高木深獲學生景仰，第一屆至第十四屆約有五百名畢業

生，都是由高木校長親自授與畢業證書。在校友會熱烈的支持之下，才使高木點頭答應，確立兩位校長的半身銅像同時設立。

銅像的製作，委託有名的雕刻家北村四海負責。當初預定的銅像改變爲作者最拿手的大理石雕刻，一九二〇年十二月十日，完成這兩座漂亮的半身雕像。一九二一年二月十二日，隆重的揭幕式後，安設在學校的大講堂裡。

高木校長在揭幕式的答謝辭中，說明自己拒絕設立雕像的理由，同時還談到設立山口校長紀念雕像的原委。雕像製作費用由校友會募集一萬〇九一二圓七十二錢，支付費用後還剩下三千多圓，就捐贈做爲山口、高木兩校長的獎學金基金。

接著，第三任校長堀內的塑像也由校友會決定，募款製作壯麗的銅像。校友會並決定在一九二四年，以「堀內先生任職二十五週年紀念會」名義揭幕。

但是設立現任校長的銅像，在日本內地也沒有這種先例，校友會的期待遭到意料不到的反對。直到十二年後，即一九三六年三月二十二日，在「堀內次雄任職四十週年紀念祝賀會」才正式揭幕，同時紀念堀內校長任職二十一年的退休紀念儀式。

後來大東亞戰爭爆發，堀內校長的銅像捐給軍方，留下山口、高木兩校長的大理石雕像。但是，逃過戰爭的這兩座雕像，戰後被進駐台灣的國民黨政府軍所損毀。

終戰以後，國民黨政府軍接受遠東盟軍總司令麥克阿瑟

的第一號命令，以台灣佔領軍登陸台灣，開始破壞日本時代
設立的八十七座紀念碑和紀念像。台灣大學講堂內的山口、
高木兩座雕像，也難逃此劫，鼻子和耳朵被打斷而棄之於
地。日本人所留下的紀念物在一瞬間被破壞，令台灣人無限
遺憾。

　　掃除日本色彩之後，爲誇示國民黨色彩，四萬座的蔣介
石銅像遍布全島，平均每一平方公里內有一座蔣介石銅像坐
鎮。對中國人而言，王朝交替的象徵十分重要。

　　陸續被毀損的銅像裡，日俄戰爭的英雄兒玉源太郎騎馬
銅像，換上蔣介石的頭，被安置在台北市中心敦化南北路交
叉口，誇耀蔣介石的權威。

　　如此醜惡的銅像，歷經半個世紀都沒有移動。直到二十
世紀末才由當時的台北市長陳水扁下令拆除。

　　大東亞戰爭以來，日本人的台北帝大醫學生紛紛被徵召
爲軍醫出征，醫學部的日本學生愈來愈少。《東寧》（校友會
刊）十二期刊載「榮譽戰死者」名單，包括醫學校第二屆畢
業生陸軍上尉軍醫江原義郎、海軍上尉軍醫稅所重治，第三
屆的陸軍上尉軍醫大久保正康、海軍少校軍醫北川浩、陸軍
上尉軍醫山形邦治等人。

　　在許多無法回來的學生當中，也有把遺體捐贈給母校台
北帝大醫學部者。因爲台灣人的習慣是土葬，醫學校要用屍
體做爲解剖用的教材非常困難。台灣人十分忌諱把遺體解剖
「分屍」。

　　一八九九年十二月二十三日訓令第三五〇號規定，病死
的受刑人如果沒有家屬，其遺體撥交醫學校做爲解剖教材，
但是事與願違。之後，堀內的知己——台北稻荷神社的宮司
（神官）伊藤伊代吉知道這個狀況後，就爲了推動台灣醫學教
育，成立「台灣全終會」，募集有志獻身於提供屍體的組織
活動。

　　醫學校爲感謝捐贈，對遺體絕不胡亂棄置，每年舉行
「解剖體祭祀」，不忘追悼亡靈。「台灣全終會」也派代表
參加，追悼「同志」。

　　堀內校長對醫學校學生的抗日運動表示理解，親自出
席台灣文化協會的成立大會。誠如醫學校畢業生的民族運動
家韓石泉醫師所讚美的，堀內校長「不但是一個勇敢的開拓
者，偉大的教育家，更是眞摯的學者」。

　　堀內校長爲事業而奔波，生活清苦，他的學生們在戰爭
期間還爲「恩師」募款，這些捐款在一九四一年買了一棟房
子送給他。可是，卻被戰後進駐的國民黨以「敵產」的名義
沒收。

　　在他退休之際，受他教育的台灣人開業醫師（包括少數的日
本人醫師）爲他籌募三十萬圓，做爲餞別饋贈。最保守的換算值
約一千倍，即換算爲現在的金額相當於三億圓的高額餞別。

　　堀內一九五五年在故鄉以八十三歲高齡去世，高雄醫學
院的，在醫學校和醫專時代受他教育的學生也爲他舉行追悼
會。

六、襲擊台灣醫學界的 「二二八悲劇」

被國民黨殘殺的台灣人醫師

終戰後，日本人離開台灣，蔣介石率領國民黨開始統治。在時代大變的一九四六年，基隆「迎婦產科醫院」發生一件震撼社會的事件，原因是一名國民黨軍高官的妻子入院後不治死亡。

國民黨軍高官懷疑院長誤診要求賠償巨款。院長是日本人醫師迎諧，爲婦產科的權威。知道這件事的台北醫師會副會長施江南，委請李瑞漢律師出庭爲院長辯護。結果，法官吳鴻麒公正的審判，裁定迎諧院長無罪。

翌年，「二二八事件」爆發。國民黨軍隊屠殺手無寸鐵的台灣人，成爲台灣史上最殘暴的事件。事件當中，更把誤診判決有關的施江南、李瑞漢、吳鴻麒等人捕捉予以殺害。

從事件的爆發前，台灣人早已受不了中國人官吏的貪污與巧取豪奪，事件更引發台灣人的反中國人意識的怒火。

事態迅速發展成台灣人和中國人的民族對立，國民黨軍大肆鎮壓、攻擊，升高了對台灣各界領導人物的大屠殺情

勢。自大正、昭和時代以來，在日本人和台灣人合作下所栽培的台灣人菁英，幾乎像朝露般地消失了。

被屠殺的台灣人，一般推測有三萬人或五萬人，他們至今依舊行方不明。其中，也有許多醫師被犧牲。

中國軍隊進駐台灣，使一向潛伏的台灣人和中國人的文化摩擦表面化。中國社會一向是沒有電氣、自來水和衛生觀念的社會。來到台灣的中國人，眼見台灣人相當近代化的都市生活都十分驚訝，但是最大的差異還是文化震撼。

中國人一向認為台灣人「不識字兼無衛生」。中國人是家裏有人病死，就抬棺到醫院前向醫師索取高額賠償金者。在中國人滲透到台灣人教育以前，醫師最恐懼的是中國人患者找麻煩。

「二二八事件」發生後，台灣的知識份子淪為國民黨追殺的目標。台灣人醫師也難逃此劫，醫師受難的時代開始。有郭守義、簡錦文、施江南、黃朝生、鄭聰、顧尚太郎、潘木

施江南

李瑞漢

吳鴻麒

枝、盧炳欽、黃媽典、范滄榕、張七郎、張宗仁和張果仁父子等，台灣各地的開業醫師也都慘遭屠殺。

黃朝生

潘木枝

盧炳欽

黃媽典

張七郎與妻兒：右一張七郎、右二張宗仁、右四張果仁

救人的日軍，殺人的中國人

　　殘殺的風暴下捲起了台灣「白色恐怖」時代的到來，所謂檢舉匪諜的「赤狩」橫行。不但抓匪諜，國民黨還製造台灣人互相對立，用金錢鼓勵密告。

　　「白色恐怖」的時代，知情而不密告者會以「知情不報」罪和匪諜同罪。被判決有罪者沒收其財產，三〇％發給密告者，三十五％發給特務人員做為工作獎金，因而密告者暗中活躍，而保安局人員也中飽私囊。

　　「白色恐怖」的犧牲者，根據政治犯聯誼會的報告，至蔣經國死去的一九八八年，叛亂事件有二萬九千五百餘件，死刑與受迫害的政治犯有十四萬人之多。根據台灣省文獻會在一九九八年發表的數字指出，有九十五％以上的被逮捕者是無辜的，罪名完全是荒唐無稽的。

　　我的小學時代正是群魔亂舞之時，小學內教唱「抓匪諜」歌曲，老師還教學生回家檢舉親戚為「匪諜」。實際上，我的舅舅二人被槍殺，另外二人行方不明。行方不明的兩位舅舅也都是醫師。

　　「白色恐怖」不只影響到台灣的民間醫師，連台灣大學醫學部也被波及。被視為台灣醫學界的「明日之星」——台灣大學醫學院第三內科主任許強、熱帶醫學研究所血清室主任謝湧鏡、法醫學助教郭琇琮、開業醫師朱耀咖和謝桂林等人，這些台灣醫學界的寶貴人才，也都被草草地殺

許強

掉。

　　台灣總督府醫學校二十八屆畢業生當中，有三名原住民——南志信（第八屆，一九〇八年畢業）、林瑞昌（日本名叫日野三郎，第二十屆，一九二一年畢業）、高啓順（日本名叫宇津木一郎，第二十屆，一九二一年畢業）。

　　南志信出身台東，是第一位接受西洋教育的高砂族。他畢業後，擔任總督府醫官職務，再回故鄉台東開設「南

郭琇琮　　　　　　　　南志信　　　　　　　　林瑞昌

醫院」。戰後，他以「高砂族代表」身分獲選為國民大會代表，是位極為優秀的醫師。這樣寶貴的人才，可惜在「白色恐怖」時代被槍殺而亡命。

　　大東亞戰爭到日本戰敗，中國軍隊取代日本佔領台灣。不只如此，更慘的是還帶來了傳染病流行和惡性的通貨膨脹。

　　中國軍隊一進駐，台灣全島立刻被空前未有的霍亂、鼠疫、天花、腦膜炎等傳染病所侵襲，陸續出現死亡。名作家吳新榮醫師曾感慨地指出，那些是台灣已經絕跡的傳染病，

當了十多年醫師的他，早已不曾看過那樣可怕的疫病了。

　　一九四七年二月二十八日，台南決定成立「台南市防疫委員會」，這天也是視為禁忌的「二二八事件」爆發的同一天。

第 5 章

把 飢餓之島變成豐饒
產業國家的日本人

一、努力開化原住民的日本人

屠殺台灣原住民、吃原住民人肉、搶奪女性的漢人

台灣自有史以來，就是以列強的殖民地而獨自發展的歷史，其歷史本流則是原住民（平埔族、高砂族）與漢人的對立。

台灣的漢族移民，是始於十七世紀初荷蘭人時代從中國東南沿岸渡台的季節性勞動者，這也是台灣平埔族悲劇的開端。從十七世紀中葉的鄭成功時代，至十九世紀末台灣永久割讓給日本的清國時代，大約二四〇年間是漢族移民對原住民掠奪土地及屠殺的歷史，反亂與屠殺持續不斷。

原住民受漢人的迫害，唯一能保存身家性命的方法，不是屈服成為漢人的奴隸，就是集體逃入深山。

讀鄭氏王朝與清國時代的「撫蕃」或「理蕃」記述，形同一部台灣原住民的屠殺史。台灣原住民的天敵，在任何時代都是漢人，到了日本領台時代以後，他們才得到解放。

日本統治時代，台灣接受近代國民國家的洗禮，漢蕃兩族都受到「文明開化」的衝擊而變成近代社會的人民。

《裨海紀遊》記載，當時的漢人社商和通事（駐在原住民村

落的商人與小官）壓迫原住民，「此輩欺蕃人愚，朘削無厭」，平時把蕃人（平埔族）當作奴隸吆喝，「且納蕃婦爲妻妾」，有求必應，有過必撻，漢人被「蕃人」恨之入骨。

漢族掠奪、榨取原住民的土地，集體地把「蕃社」（原住民部落）放火燒毀，殺人佔地。倭寇最後的頭子鄭成功，燒「蕃社」以外，更屠盡開拓台灣西南部平原的蕃人，也多用騙取的方法奪取土地。

集體佔領土地的例子，以一七九六年吳沙的開發噶瑪蘭（宜蘭），及一八一五年郭百年、黃林旺等人入侵埔里社最爲典型。漢人迫害原住民的手法如下：

- 阿諛籠絡，用布匹和酒騙取大片土地。如一七○九年泉州人陳賴章以豬、酒、紅花布，騙取平埔族大加蚋堡（台北）的大片土地。
- 結婚。平埔族是母系社會，漢人入贅蕃社而取得土地。
- 和蕃人結拜，稱爲「副遘」，「出入無忌」而討蕃人歡心，取得土地。
- 交換土地契約書，用漢字來解釋，騙取土地。
- 盜墾。一旦旣成事實，就用僞造租契或改爲贌買、贌耕。
- 先讓蕃人賒帳，至其無力償還時就奪佔土地。
- 利用原住民的習俗與迷信，他們遇到動物屍體、穢物就棄地他遷，漢人乘機佔領土地。如噶瑪蘭

> 大埔（五結鄉）原為穀物場，漢人就在此建墓地，
> 逼走原住民。中國大陸為疫病的大地，漢人對疫
> 病已經免疫，原住民遷移，才免於受到漢人帶來
> 的鼠疫、天花傳染，不致民族滅絕。

被趕出土地的原住民，除淪為漢人的奴隸，只有選擇反抗、反擊的出路。因而形成了所謂「蕃亂」、「出草」（獵首）的蕃害。

進入十九世紀，受漢人的侵略與迫害而遠離祖先土地的平埔族，散居台灣各地。淡水和彰化的平埔族，進入中部埔里社高原。南部鳳山地方的平埔族，就向台東和恒春平原移動。蛤仔難（宜蘭）的平埔族，則渡海移居台東的奇萊平原（花蓮港廳）。

接著，在這種優勝劣敗的叢林法則下，平埔族面臨種族滅亡的危機，進入二十世紀幾乎被漢人消滅殆盡。留下來的也全部漢化了。

十七世紀末的台灣人口推測，平地原住民約三十萬人，漢族約十分之一的三萬人。然而，十九世紀末則人口膨脹至近三百萬人。中國大陸東南沿岸的漢人源源不絕的流入這個封禁的島嶼，他們掠奪原住民女性，而成為新的台灣社會。

殘餘的原住民男性陷入「老而無妻」的狀態，成為孤獨的老人留在「蕃社」。接著，就滅種亡族了。

日本人和支那人的「理蕃」完全不同

受到西鄉從道都督征台的牡丹社事件和清法戰爭刺激的清國，才結束封山禁海，解除台灣通航和開發的禁令。清國為了防範西夷與倭寇的威脅，而將福建省的殖民地台灣獨立建省。因此，才實現了沈葆楨（欽差大臣）的開山撫蕃與劉銘傳的建設台灣軍事基地。

沈葆楨為了開山撫蕃，率領軍隊開闢三條軍用道路。北由宜蘭、蘇澳到台東奇萊，中路由雲林的林杞埔到台東的璞石閣，南路由鳳山的赤山庄到台東的卑南及鳳山的社寮到卑南。但是，這只是人所能走的小路，完全沒有架設渡河的橋樑。

只有軍事用途，做為商品經濟流通的使用幾乎談不上，不過是荊棘覆蓋的小徑。

沈的開山撫蕃遭遇山地原住民的激烈抵抗，開拓軍路的士兵一再受原住民襲擊。沈的軍隊就偽裝和山地原住民議和，將他們誘騙至宴會上再予以集體屠殺，從而掠奪了蕃社。

也有人把俘虜的原住民屠殺，再將他們的肉裝入竹籠，當作「蕃肉」賣到廈門去。在廈門，這種蕃肉成為漢方的「補藥」，支那人有嗜好啃食夷狄之肉的風俗。

漢人把歸順與否的台灣原住民分為「生蕃」與「熟蕃」。「生蕃」指的是生活在化外之地的反抗的原住民，

「熟蕃」指的是歸順漢人並被同化的原住民。

　　沈葆楨的開山撫蕃失敗後，首任巡撫劉銘傳在台灣展開開發及征蕃大業。沈與劉的台灣開山撫蕃，完全是用軍隊征伐生蕃、詐欺及屠殺的歷史。例如一八七四年至一八九五年爲止，獅頭社蕃、南澳蕃、太魯閣蕃、奇萊社蕃、加禮宛蕃、阿眉蕃、水沙連蕃、台東平埔蕃、荖芒社蕃、北勢蕃、屈尺蕃、大料崁蕃、五指山蕃、北港蕃、南勢蕃、大南勢蕃、呂家社蕃、東勢蕃等蕃社，不是被征伐就是被屠殺。

　　但是，劉銘傳的親征，也被蕃人反擊而以失敗告終。一八八六年，劉帶著親兵一百人，民兵九千五百人出征討蕃，清國士兵死傷病亡千餘人，只不過取回原住民二顆人頭。

　　同年四月，他又率三營兵丁攻打大料崁蕃。這次他在枕頭山築設砲台，遭到反擊，三營兵力又損失大半。

　　一八八九年，劉從蘇澳率水陸兩軍討伐南澳蕃。不料，清軍卻被泰耶族的伏兵殲滅殆盡。翌年，他又討伐牡丹社、高士佛社（向西鄉軍歸順的蕃社）的排灣族，同樣失敗。

　　劉的軍隊幾乎全是鴉片中毒者。因此，儘管台灣平地的漢人對平埔族的「熟蕃」搶掠十分勇猛，但對凶猛的山地原住民卻無用武之地。

　　一八七四年，清國的唐寶圭率十三營兵力討伐恒春地方的十八社生蕃，結果清軍的戰死者在二千人以上。

　　但是此後，一八九五年守備隊長橋本少校卻沒有遭遇任何攻擊，原住民就全部歸順了。

　　山根武亮鐵路隊長到南部探查鐵路時，和當地南勢湖的生蕃頭目會面。頭目向山根作了詳盡的報告，可見日本人與支那人的「理蕃」是完全不同的。

　　近三百年來侵入台灣，對平埔族持續土地掠奪的漢人，也只能支配、居住在台灣西海岸的平原。日本領台初期，台灣的三分之二土地還是原住民的世界。

　　戰後，台灣史談到日本殖民統治下的反日抗日，就會把佐久間左馬太總督的討伐原住民或「霧社事件」，強調為日本人殖民地支配的殘暴象徵。如此論調，尤其在關於霧社事件的著作裏有很多。

　　談到「霧社事件」，立刻就會產生一種自己一躍成為民族英雄或良心發現的錯覺。「霧社事件」成為台灣史研究的龍門，儘管這是台灣史的一大事件，但其原因卻有各種的解釋。

　　事實上，「霧社事件」被殺的人，都是日本人和他們的關係者。比起日本時代以前，數百年來漢人屠殺原住民，「霧社事件」只是小巫見大巫了。

　　佐久間總督的理蕃政策，不必完全贊成，結果卻是台灣有史以來第一次在一個政治體制下確立起來的政策。此外，更解決了漢族間的「械鬥」、「漢」「蕃」兩種族數百年來的血鬥。日本領台後確立了法治社會，實現了歷史的變化與共生共存。

致力斷絕陋習的「理蕃總督」
佐久間左馬太

　　台灣山地原住民的高砂族，一向有「出草」獵人頭的習慣。這都是傳聞，清國時代幾乎沒有留下「出草」的任何資料。

　　日本領台初期，發生很多「蕃害」。每年有數百件、死傷數百人，被原住民「出草」的漢人比日本人還要多。這是台灣有史以來漢蕃對立的延長。把這種「蕃害」歸諸於反日、抗日的行為，對日本人而言是沒有道理的。

　　根據日本時代「理蕃」所作的調查資料顯示：一九一二年「出草」的死傷者一二九七人，其中死亡者七六一人。一九二○年，死傷者減至二五一人，犧牲者還是很多。當然犧牲者中也包含了日本人。

　　高砂族可細分為九族，但不是每族都有「出草」的習慣。阿美族、雅美族和賽夏族在日本時代都沒有出草的行為。「出草」是成年男子的風俗、最高的道德。其理由包括：

- 成人的證明（勇氣的象徵）
- 決定勝負
- 冰釋前嫌或謝罪的行為
- 為娶妻而和對方決鬥

- 袚除瘴癘惡疾
- 防範不吉祥
- 誇耀武勇

這種「陋習」在日本時代完全被禁止，成為「理蕃」政策的一大進步。一九二○年代末期，蕃社還保存頭骨棚架，但是經過警察分駐所的教化指導，已經不再擺放出草的人頭；而改以「土地神」做為首級之神來弔慰祖靈，成為蕃社的守護神。

直到第五任總督佐久間左馬太，才把台灣的理蕃政策徹底執行。而他從一九○六～一九一五年五月為止的九年二個月的任期，使他成為歷任總督任期中最長的人物。被稱為「理蕃總督」的佐久間，於退休那年的八月在仙台去世，享年七十二歲。

日本軍開始討伐山地原住民，與其說是苦戰不如說是克服萬難。台灣位於亞熱帶氣候，三千公尺以上的高山聳立，高山也會下雪。而要征服凶猛的山地原住民，首先必須征服高山，日本軍因此展開五次的山岳溪谷探險行動。

探險隨時需面對突發狀況，第三次探險就發生始料未及的事。這次預定是一九一三年三月起，向奇萊山方面進行探險。佐久間總督命令南投廳長，以測量技師野呂寧為隊長，指揮以警部、巡查、挑伕和高砂族組成的二八六人的隊伍。

他們一行從埔里社出發，由西向中央山脈行進。但是卻在中途的櫻之峰上遭遇山嵐，吹散了帳篷，加上零下三度的

氣溫，使一〇一人失蹤，三十四人凍死，造成重大的犧牲。

　　為了討伐太魯閣蕃，也做了五年的充分準備，在一九一四年五月才正式進行。這次調集警察隊三一七七人，軍隊三一〇八人，共計六二八五人，以及挑伕六千八百人參加討伐。

　　當時，已經超過七十歲的佐久間總督，更親自從台北趕赴埔里社坐鎮。他任命木下宇三郎少將為參謀長，平岡茂少將為第一守備軍司令，萩野末吉少將為第二守備軍司令。

　　台灣總督、陸軍上將的佐久間立於陣頭總指揮，進入深山，站在第一線領導，這是前所未聞的事情，可窺見他對「理蕃」的決心與意志。然而，他畢竟已經七十多歲了，只好先延緩退役再出兵。

　　作戰中的最高司令官佐久間上將，在山道滑倒，跌落到三十多公尺深的山谷裡。他從塞拉奧加菲爾司令部（海拔一五六五公尺），只帶著警部補（師井）一個人巡視前進的道路。爬上比司令部高三七〇公尺的高地，結果佐久間失足跌落山谷，幸好被一支樹枝勾住，才保住一命只受了傷。

　　這件事使同行的警部補因深感未盡全責而投谷自殺，也可能是這次的受傷，佐久間上將在一年後以七十二歲之齡去世。

　　原住民到日本觀光旅行，也是台灣總督府的「理蕃」政策之一。統治台灣二年後的一八九七年，開始實施高砂族的日本內地觀光計劃。在他們出發之前，軍務局參謀長立見代表台灣總督訓示說：

　　「日本人以往臨戰之時，也有把首級掛在刀上的
習慣，但是一改這種習俗而刻苦奮鬥，才有今日的繁
榮。期待你們也應當和內地同樣的努力。」

　　一九二七年，台灣東部的鹽水港製糖株式會社北埔農
場，在嘉村忠吾指揮下的四十五名太魯閣蕃（泰耶族），達成
砂糖一千萬斤的生產目標。嘉村自己掏腰包請他們到日本二
重橋等各地觀光。

　　荷蘭、西班牙、鄭王朝、清國從十七世紀初陸續支配
台灣，但統治勢力所及的不過是台灣島狹小的一部分範圍而
已。清國二一二年的統治，勢力不過是西部海岸，東部的大
部分或「蕃界」於清國只能算是化外之地，是其主權不及之
境。清國時代，原住民居住地以外的平原，實際的統治者是
土匪和土豪。

　　平定平地的土匪，是第四任總
督兒玉源太郎時代。第五任總督佐
久間左馬太時代，征服太魯閣蕃以
後，台灣才完全在一個統一的政權
統治下。

　　一九四二年二月，日本募集
南方出征從軍軍伕，第一批五百名
「高砂挺身報國隊」，參加巴丹
半島和柯勒吉多島的攻掠戰。當時

本間雅晴

的陸軍中將本間雅晴（台灣軍司令官），將之命名為「高砂義勇隊」。

「高砂義勇隊」的勇敢和功勞，打動了許多日本國民的心。其中最勇敢的是，日本軍征伐山地原住民之時抵抗到最後的太魯閣蕃（泰耶族）。大東亞戰爭開始以前，太魯閣蕃才被日本人征服。

太魯閣蕃歸順日本人後，和日本士兵一起戰鬥而令人刮目相看。最後和日軍一起在大東亞戰爭中戰鬥到底的，是最忠實的高砂義勇隊。高砂族和日本人之間的「武士道精神」已經合為一體了。

他們留下許多傳聞。例如，在激戰中一馬當先殺敵盡忠，因此而獲得金鵄勳章的有不少人。他們背負彈藥、糧食在槍林彈雨的戰地上奔跑，即使精疲力竭也不放下背上的糧包，活活累死的不在少數。

大戰之中，因為羨慕日本人的駐在警察官的理由，許多原住民志願當兵去南方作戰，參加高砂義勇軍。他們的紀念碑，現在豎立在烏來瀑布對面的山上，有李登輝前總統的題詞。

二、山岳探險與森林開發的日本人先驅者

日本最高峰的「新高山」

台灣在織田信長、豐臣秀吉時代，被日本人稱爲「高山國」，以中央山脈爲中心，西北有雪山山脈、中西部有玉山與阿里山山脈、東部有海岸山脈，共有五大山脈南北縱走。另外，還有三千公尺以上的高山二三一座。儘管位於熱帶及亞熱帶，高山仍會降雪。

如果把台灣的高山化作平地，台灣的面積三萬六千平方公里將放大十倍，足和日本的總面積匹敵。在如此思考下，領海的面積也有十倍（以領海二百海哩的主張計算）。以此窺見台灣島的面積，如能充分利用土地及水域，則可以建立一個發達的地域。

日本的最高峰是富士山，台灣納入日本版圖後，玉山實際測量高達三九九七公尺（比富士山高）。因此，玉山就被命名爲「新高山」了。

新高山在一八九六年九月一日完成測量，翌年六月在未出版的地圖中標示出來。新高山是由明治天皇命名的。

名副其實的最高峰——新高山，在日本人進入以前，不能說是沒人踏過的大山，但卻從未留下任何登山史的歷史紀錄。原住民的傳說中，倒是留下一些故事。

根據泰耶族的傳說，他們的祖先發源自大霸尖山的一個角落；在曹族（鄒族）的傳說中，他們的祖先在太古時代曾爲躲避洪水而逃上新高山山頂，以後再四散。

　　這些當然只是傳說而不是歷史事實，從來就沒有留下台灣最高峰新高山登頂的歷史紀錄。最初登上新高山的又是誰呢？

陸續挑戰新高山的冒險家們

　　據台灣山岳會創立的功勞者沼井鐵太郎（一八九六～一九五九年，東京帝大農學部農藝化學科畢業）所撰的〈台灣登山小史〉（日本《山岳》雜誌一九三九年第二期、一九四一年第一期）的調查，一八九六年十一月，第一個新高山探險攻頂隊入山，是由本多靜六林學博士率領。在此前後，又有齊藤讓和德國人史托培爾（Stopel）等人登上新高山頂。不過據考證，他們所登的不是嘉義的主峰，而是台東的新高東山。

　　史托培爾在一八九八年十二月、斗六弁務署長熊谷直亮在十一月、齊藤讓在十二月都登上山頂。

　　最先登上新高山主峰的，是鳥居龍藏和森丑之助所率領的民族學調查隊。他們在一九〇〇年四月，沿著阿里山的稜線往上登頂。第一個登上新高山西山（三九二〇公尺）的是鳥居，第一個登上北山（三五二八公尺）的是森，他們留下山頂探險記的紀錄。

　　但是，根據《生蕃地探險談》所述，新高山最初登頂成功的，推測是一八九六年九月的長野義虎中尉一行人。

　　一九〇六年十月登頂的植物學者川上瀧彌和森丑之助，首先在山上設置新高山神社；翌年，美國駐台北領事阿諾魯

道夫婦也登頂，誕生了史上第一位女性登頂者。

一九一二年，又有台灣守備隊第二連隊的中村豐吉中尉一行五人，以及集集支廳長青木以外的警官四人一起冬季登頂成功。他們在蕃刀都結冰的山頂建立營地，成功地在冰天雪地中登頂。

川上瀧彌

日本領台初期，文明開化的波濤衝擊台灣島。除少壯軍官、駐在的巡查以外，民俗學者、動植物學者、地理學者等都展開台灣探險，開始探勘中央山脈，進行調查和研究。這種盛況，反映了新興國民國家的朝氣。

戰後，國民黨軍進入台灣以後，損毀了新高山山頂的神社。不只如此，國民黨開始濫伐森林，一向以雄姿屹立而縱走台灣的高山原始大森林，也逐漸成為光禿禿的山脈。國民黨政府消滅森林後，又濫墾高山蔬菜園和果園圖利，使自然無法再生。環保團體指出，被破壞而流失的大自然，已經不可能再復原了。

台灣空前的林野調查

台灣的林野調查，是佐久間總督討伐山地原住民以後，從一九一〇～一九一四年的五年間進行的。這個調查是由殖

產局統籌，經費五十八萬〇七八八圓。這是繼土地調查後的台灣史上空前的大事業。

林野調查以前七年的土地調查結果，林野只有六萬八六四〇甲（一甲約一公頃）。但是，林野調查的結果，林野面積有二九九萬甲，約佔全島面積八成的驚人數字。問題是，原住民的集落佔了一八四萬甲。

在佐久間總督討伐原住民的過程中，有很多日本技師提供研究結果。茂呂技師、財津技師、齊藤技師等的地形測量，福留技師的礦產，賀田技師的林相，稻垣博士的原住民地域衛生，中井技師的樟樹分布調查，羽鳥技師的恙蟲病研究等，提供很多台灣重要的研究。

戰後中國軍進駐台灣以來，把所有高山及丘陵列爲軍事要地，禁止人民入山。從此，山林的木材成爲駐軍的禁臠，任意盜伐。我從台灣的木材商口中得知，台灣的木材九〇％以上爲官商勾結而流出。

一再被侵蝕而光禿禿的台灣中央山脈，直到解除四十年的戒嚴令，一九八〇年代末才重見天日。

蔣經國時代賦予退伍軍人濫伐原始森林牟利的特權，現在，他們還要求砍伐台灣北部最後的棲蘭山原始森林，準備砍伐千年的檜木。

環保團體認爲特權時代已告終結而極力反對，宣稱退伍軍人沒有特權。採伐派的「森林學者」與木材商人勾結，利用「枯木整理計劃」、「森林研究」、「森林採伐的保護與再生」等名目，企圖啃噬這塊世界最後的貴重遺產。儘管環

保團體的主張各自不同，但終於能堂堂地站出來為維護環境
而講話了。

　　環保團體也向聯合國請願，要求指定人類最後的森林資
源為地球的遺產。台灣的原始森林救援運動也向世界呼籲，
向聯合國申訴。日本人對這件事也不可等閒視之。

　　國民黨政府統治台灣，除了強調自己的「德政」，指斥
日本時代的「惡政」以外，不會有別種做法。因此，國民黨
的軍、政、官會三方勾結而把台灣山脈變得光禿禿的罪過，
轉嫁給日本時代的森林砍伐，繼續捏造歷史。

　　從古典及古代歷史紀錄來看，中國從春秋戰國時代以
來，支那人一入山就使山林消失。換句話說，中國大陸現在
嚴重的沙漠化現象，正是中華文化所造成的惡果。

　　殖民台灣的支那人，又使歷史的悲劇再度重演。他們
更惡劣的行徑是，假保護森林之名而大肆盜伐。台灣人說：
「一頭牛被剝五層皮。」

　　盜伐的巧妙玄機如下：首先買通巡山員，盜伐巨木時獲
預先通知，得以逃離現場。盜伐者只盜木材的樹幹而已。這
是剝第一層牛皮。

　　巡山員又假裝發現盜伐，向森林管理處通報並領取獎
金。這是剝第二層牛皮。

　　接著，又依據法令把盜伐後剩餘的殘材交給木材商，
事先綁標講好價錢。業者又向官方申訴，只搬這些殘材不夠
工錢，必須順便砍伐周圍的樹木，並聲明不得讓其他業者投
標。

森林管理處爲收拾殘局，就決定把殘材及附近的樹木交給業者。但是，盜伐者又往往是業者本身，這就是剝了第三層牛皮。

得標的業者又向官府申訴，挖出來的樹根要運下山，會受到周邊原始林的阻礙，因而必須排除法令，連周圍及路過的原始森林都要採伐。剝了第四層牛皮，合法採伐的範圍更加擴大。

最後的一層皮，是採伐後留下的現場。採伐後的土地光禿禿地，非再植林不可。而植林權又落入盜伐者的手中。他們在自己盜伐的土地上種樹，眞是分五階段吸盡甘味美汁。被榨取的是台灣的貴重資源。台灣的資源淪落爲一頭牛那樣被五次剝皮，徹底的被榨取、剝奪。

如此黨、軍、政、商爲私慾而勾結繼續採伐台灣的森林，使森林迅速淪爲禿山。一向以美麗的原始森林自誇的中央山脈各個山都光禿禿了，台灣就容易遭受豪雨、洪水的侵襲。

國民黨竟然指控破壞自然的，是日本領台時代的殖民統治者，媒體更大肆撻伐指責日本採伐台灣的森林，這是支那人一貫的傳統政治手段。

阿里山鐵路與河合鈰太郎

日本領台初期，阿里山森林存在著許多巨木，是知名的檜木的寶庫，但是把木材搬運下山的方法卻一直無法解決。

正巧在德國留學的河合鈰太郎遇到了出國的後藤新平，河合向後藤提出台灣森林開發的建議。

一九〇三年，河合博士回國後，立即應後藤的邀請，參與台灣林業行政的規劃，到阿里山實地調查。河合檢討阿里山森林資源的開發，主張建設山岳鐵路。

林學者河合鈰太郎（一八六五～一九三一）是精通森林利用學的人物，他是愛知縣士族河合賢造的長男。東京帝大農學科畢業後，取得林學博士學位。曾至德國及澳洲留學，學習森林利用學，後來成為日本森林利用學的權威。

回國後的河合，擔任東京帝大農學科教授，後來接受台灣總督府民政長官後藤新平的邀請，來台全力敷設阿里山森林鐵路。

河合的學問淵博，精通漢語及德語，也有文才，晚年又研究哲學。他是林學專門的第一人，對山林史也有興趣，所撰《測量學》、《木林識別法》等著作，獲日本學界評價為史無前例的好作品。

他的研究從用肉眼鑑別日本的主要闊葉林、木材強度及物理性質開始，展開對森林開發及利用的新境界。

一八九六年十一月十三日，日本人發現了阿里山。竹山撫墾署長齊藤音作和本多靜六林學博士，率領了二十七人的新高山登山隊，從東埔八通關登山途中，本多博士沿路採集台灣紅檜的標本。之後，標本送回東京，經東京帝大松村任三教授研究的結果，一九〇一年確定為新品種，命名為「台灣紅檜」。一九〇八年又命名另一新品種為「台灣扁柏」。

松村任三

一八九九年，石田常平由阿里山原住民引導，發現廣大的阿里山檜木大森林。總督府大吃一驚，翌年就派石田常平和小西成章、小笠原富二郎、小池三九郎等四人上山調查。

一九〇二年，又委託河合鈰太郎作實地調查，完成阿里山開發計劃，也發現了高三十六公尺，樹幹寬十八公尺的大樹。

具體地說，海拔二千公尺以下為暖帶林，以上為紅檜，二千三百公尺以上為扁柏和紅檜混生的樹林，二千七百公尺為栂、高根五葉混生狀況的原始林。二千三百至二千七百公尺間，日夜蒼鬱，原木茂密。阿里山的巨大神木也被發現。

阿里山神木高五十餘公尺，地面樹幹三十四公尺，直徑超過六‧六公尺，推定樹齡三千年以上，是小笠原富二郎發現的。以後，總督府開始調查及計算約一百六十平方公里的檜木大森林。

結果，找出了台灣紅檜十五萬五七八三株、台灣扁柏十五萬二四八二株。以後，開始採伐阿里山森林的巨木。

阿里山鐵路起初由藤田組向政府承包敷設，一九〇八年一月由於工事困難而中止，再由總督府繼續完成。一九一五年，總督府終於完成主線。

在一九〇六～一九一二年的六年內，以河合爲中心，克服了大水與資金的困難，完成了全長七十二公里，高度落差二一〇六公尺的日本第一條登山鐵路。

當時，阿里山鐵路被列爲世界三大登山鐵路之一。

河合後來又到台灣北部的太平山，以及滿洲蒙古繼續他的森林開發事業。一九二六年從東京帝大退休後，他研究木炭而發明了煤球，成爲晚年的一段佳話。一九三一年他去世時，訃報傳到阿里山鐵路起點的大都市嘉義，官民都舉行盛大的追悼式。

三年後，人們在阿里山寺（現名慈雲寺）內樹立「琴山河合博士旌功碑」，以紀念河合的功績。鐵路到今日仍爲阿里山觀光而運行。

三、貢獻台灣米生產的人們

救濟台灣食糧不足的蓬萊米

十八世紀末的台灣，一方面新田開墾的土地幾乎沒有了；另一方面人口過剩造成糧食不足的嚴重壓力。

清國領台期間的海禁，從北邊的山東到南方的廣東爲止，將沿海的漁民驅離海岸，海岸線至內陸十里（五公里）內

做為無人地帶，禁止出入。如此嚴酷的海禁期間，留下死者「以億計數」的極端紀錄。

但是，嚴官府出厚賊，再嚴密的規定也有人不斷地向台灣偷渡。十八世紀末過後，台灣西海岸的土豪害怕被偷渡客湧入，人口過剩導致失業者到處充斥的現象。人口過剩的狀況加深了台灣年年飢荒的嚴重性，非從中國輸入糧食不可。

但是，依賴輸入也不得安心，要擺脫這種慘狀，唯有發展水利及改良米的品質一途。

日本領台當時的稻作面積約二十萬多甲，收穫量不過一五〇多萬石；一八九九年稻作面積三十六萬餘甲，收穫量二五〇多萬石；一九〇四年收穫量增加到四一五萬九千石。

一九三四年的稻作面積六十八萬七千六百甲，收穫量九〇八萬八千石。在收成增加之前，人口增加導致糧食不足，非依賴進口不可。例如一八八八年從中國輸入四萬六千八百擔米（一擔等於六〇公斤），一八九〇年則輸入三萬七千擔。

日本領台初期，台灣稻米的收成比日本還少。當時日本一町步平均可收成十七石多。但是，台灣雖然一年可以收成二次或三次，一八九九年台灣一甲收成平均五‧六八八石，還是只有日本的三分之一。

經由台灣總督府進行品種改良、普及施肥、完善灌溉、土地改良之後，台灣米的收成才逐年增加。

台灣的在來米「品質粗劣，經常紅米和黑米混雜。收成也很低。最頭痛的是一升的糙米當中總是混雜著二千五百～三千粒的紅米。」當時的在來米至少超過四百餘種，唯一經

過品質改良的，是一九二○年代的蓬萊米。

　　台灣從荷蘭時代起約二百年來，砂糖是主要產物，也是經濟作物，日本時代也獎勵砂糖生產。自蓬萊米開發以來，米的產量和價格都超過砂糖，同時米的外銷也上軌道。

　　農民眼見米價好，就競相種稻，使製糖會社的砂糖原料供應不足，發生不安定的狀況。這就是「米糖相剋」的現象，台灣的米和糖成為相互拮抗的兩大經濟作物。

　　經過品種改良而誕生的台灣產蓬萊米，至一九三○年佔台灣米的三分之一，其中三分之二又銷往日本。一九三八年台米生產達一四○萬噸。這個數字是一九○○年的四五七％。

　　一九一○年前後台米已成為台灣對外輸出品的第二位。十年後更佔台灣總輸出額約二○％，米和砂糖更是一九六○年代為止，台灣的兩大輸出產品，成為最重要的產業而繼續成長。

　　一九四五年，台灣的人口約有六百萬人，其中的四十萬日本人又被趕出台灣，中國人大量湧入，五年後人口暴增到八百萬人。日本領台五十年間，日本人在台灣定居的人口有四十萬人，中國在佔領台灣的五年內就湧入二百萬人。台灣的生態恐怕會因流民來襲而為之一變。

　　一九六○年更增加至一千一百萬人。但是，這時台灣社會已長期陷於經濟停滯，通貨膨脹的壓力反不如人口爆炸來得嚴重，唯一的解救契機，就是做為日本人「殖民地遺產」的米、糖兩大輸出產業。

　　從固定價格算出來的GNP，台灣在一九三六年達到最高點，戰後一直壞下去。一九六〇年，才逐漸恢復戰前的水準。

　　一九六〇年比一九三六年有著三十五％的長期經濟負成長，人口又一再倍增。一九六〇年代台灣人的平均GNP比一九三六年減少三十二％。

　　期間，國民黨政權卻大肆抨擊日本帝國主義的壓榨與掠奪，一味厲行反日仇日教育，但是在經濟上卻狼吞虎嚥著日本帝國主義的遺產。

不辭勞苦改良米種的磯永吉和末永仁

　　但是，告發日本帝國主義的殖民地支配，是扭曲歷史事實。糧食不足的台灣，在日本人時代奇跡似的完成增產四倍的事實。

　　然而，如何開發蓬萊米呢？

　　日本領台以前的在來米（台灣產米）品質很差。一方面，日本在江戶初期各藩競爭稻米的研究與增產方法。日本米也托了這個福氣，比中國米及朝鮮米品質更好，味更香甜。

　　台米改良的經緯是在日本領台之後，考慮氣候及風土的不同首先

磯永吉

著手的事業。

蓬萊米的開發者是磯永吉，被稱爲「台灣蓬萊米之父」。

磯在一八八六年生於廣島縣深安郡，一九一一年東北帝大農科畢業。翌年，到台灣上任台灣總督府農業試驗場技手。一九一四年晉昇爲技師，一九一九年赴歐美留學，學習農業品種改良技術。磯在台灣四十七年，努力研究農業及改良米的品種，對台灣的農業有很大的貢獻。

和磯永吉一起對台米的品種改良有貢獻的人物，是農業技術者末永仁。他和磯同一年生於福岡縣，一九一〇年（二十四歲）渡台，到嘉義廳試驗農場投入改良日本米的工作。

末永和磯兩人在渡台的二年後才見面。磯賞識末永的才能，帶他一起到台中這塊稻米改良試驗最好的地方上任。磯擔任米改良農務技師，指導及監督台中州內的農業，末永則在他之下擔任台中州試驗農場主任。

末永開始不眠不休地工作，不斷反覆進行米的品種改良實驗。現在的農產物可以透過遺傳工程學而改良品種，在非常短的時間內開發新品種，但是，以前的人只能靠手來進行幾百次、幾千次的品種交配，要耗費數年，甚至數十年的歲月。

末永，每日天一亮就步出宿舍，走向一‧五公里長的試驗田步道，中午妻子會送來便當。黃昏時，他還在田裡，晚上回家吃過晚餐後，他又立刻埋頭書桌繼續研究。有時他

會騎自行車到三公里外的磯的宿舍，向他報告現況並接受指導。

末永這樣的日子，一過就是十年。一九二一年首次完成「台中六十五號」。這十年內，他實驗過千餘種品種，改良二百數十種，才在試驗田第六十五號成功栽培出新品種。末永的狂喜可想而知。

磯為了要確認新品種做為輸出品的價值，在一九二五年到東南亞視察國際市場的競爭優越性。所有作業完成之後，他才向伊澤總督提出報告。

「台中六十五號」，起先傾向於「新高米」、「新台米」的命名。一九二六年在台北鐵路飯店的米穀大會上，由伊澤多喜男總督以台灣古稱「蓬萊仙島」而把新米命名為「蓬萊米」。

蓬萊米一上市就獲好評，成為經濟作物銷往日本，台灣再從東南亞輸入價格較低的米。

完成新種的末永，把所有研究資料都留給磯永吉。磯用這些資料作基礎，完成論文而取得博士學位。磯接著繼續對蓬萊米的獎勵耕作、指導及普及而努力，提昇了台灣農民的生活水準。

末永也在一九三七年應邀赴沙勞越二年，在北婆羅洲指導稻作。後來，因過度勞累而罹患肺結核病倒。一九三九年，完成任務後回國，卻在水田工作時永遠撒手人寰，享年五十三歲。

聽到這個訃報的台灣人，為了感戴他的偉大功勞，在

一九四一年由官方及民間協力，在農業試驗場內樹立他的半身銅像。但是戰後，這個半身銅像又消失了，農業試驗場也改稱農業改良場，並在銅像台座後另樹立一塊寫著「豐收」的紀念碑。

另一方面，磯在一九二五年到中國南部、香港、印度支那（中南半島）、馬來亞、印度、菲律賓和爪哇各地考察農業。回台後，升任總督府中央研究所技師、台北帝大助教授。一九二八年，他再赴歐美各國留學，取得農學博士學位。二年後升為台北帝大教授，著有《水稻耕作法講演》、《台灣亞麻的將來》等書。

終戰以後，磯是少數留下來的日本人之一，擔任台灣省農林廳技術顧問。一九五七年，他以八十三歲高齡返回日本。他在台灣半世紀，集中全力研究「蓬萊米」以外，也有各種研究成果貢獻台灣。

例如，他研究在二期作的休耕期內，如何試種甘蔗、大麥、小麥、亞麻、煙草、各種蔬菜及栽培綠肥。他的努力使農地更加有效地利用，增加農民的收入。

他的代表作《亞熱帶地區水稻與輪作物》，在台灣獲得很高的評價。退休以後，台灣政府在他在世時，每年送他一千二百公斤的蓬萊米，做為表彰他的最高勳章，紀念他對台灣米的貢獻。

四、種植甘蔗使砂糖成為台灣最大的輸出產品

困難重重的台灣製糖業

台灣的製糖業從荷蘭時代成為主要產業，直到日本領台前，演變為和茶、樟腦並列的三大出口產業。兒玉總督和後藤新平全力開發的台灣產業之一，就是製糖業。

尤其後藤更加積極，他拜託三井家的最高顧問井上馨，遊說三井物產的益田孝到台灣投資糖業。當時，三井財團派出大日本製糖的社長鈴木藤三郎、德國回來的農業學者山本悌二郎和三井銀行轉任三井物產的藤原銀次郎等人，到台灣實地調查。

調查結果，藤原向兒玉總督報告說，台灣製糖業的發展非常困難。藤原列舉的主要理由是台灣的治安問題。例如，三個人去甘蔗田調查，必須要有警察的保護，晚間又必須在派出所過夜。如此危險的地方，誰敢來工作？

兒玉總督回答說：

「這不成問題，治安交由政府處理即可。」

「但也不行啊！」

「爲什麼？」

「全島的治安改善，則工場的營運就沒有問題。但是無利可圖的事業，誰肯投資呢？」

「這太沒有道理了吧？」

「和爪哇、古巴相比，台灣的日照時間太少，不利於競爭。要和外國砂糖競爭，首先得有關稅的保護。」

「這沒有問題。」

「可是還是不成……」

雙方一來一往。藤原坦言三井沒有萬全的條件絕不投資，要求政府保護會社。日本人從來沒有用甘蔗製糖的經驗，何況台灣還是新開發之地。短期的投資，虧損是可預見的。虧損非得從別處取得補償，否則會得不償失。

兒玉總督聽完這席話，知道藤原要求提供補助金。他就答應三井的糖業投資達到一百萬圓，每年就補助十萬圓。

兒玉總督咬緊牙根開出條件，才有「台灣製糖會社」的設立，首任社長爲鈴木藤三郎。藤原則在一九○三年擔任三井物產台北分行行長（支店長），他在日俄戰爭中負責日本兵糧運輸，就在台灣坐鎮調度。

新渡戶的改善策略使糖產飛躍進步

　　但是，台灣島內的製糖業依
然照舊，誰也不肯去改革。在兒
玉總督和後藤新平的支持之下，
在台灣製糖業推動大改革的人是
新渡戶稻造。

　　新渡戶稻造是現在日本鈔票
五千圓面額上的人物。他是奠定
台灣製糖王國的基礎，貢獻台灣
殖產興業的歷史人物。

新渡戶稻造

　　新渡戶是生於岩手縣盛岡的武士之子，畢業於札幌農學
校。一八八四年，他二十三歲赴美，一八八七年轉往德國學
習農學，一八八九年出版《武士道》，向西方介紹日本精神
而聞名於世界。

　　當時，世界正為日本的甲午戰爭的勝利而對它充滿好
奇，以「大和魂」為原點的《武士道》成為世界的話題。經
過美國老羅斯福（Theodore Roosevelt）總統的推薦，這本書如虎
添翼地一口氣翻譯成七國的語言。

　　中國學者一向主張日本軍國主義者是受到新渡戶的《武
士道》所感召進而侵略中國。把任何事情都扯上「侵略」，
簡直是荒誕無稽的病態。如果《武士道》一書是侵略中國的
原點，那麼《孫子》、《吳子》等兵法又是什麼呢？

　　在《武士道》出版的前一年，新渡戶的《農業本論》論
文發表，並以《農業發達史》出版，而獲得東京帝大第一位
農業博士的榮銜。他的活躍受到後藤新平的注意，後藤就邀

請他到台灣。

後藤一向認為，誰都想要優秀的人才，同是岩手縣的同鄉，他就向兒玉總督極力推薦新渡戶，破格提拔為台灣總督府技師。新渡戶討厭作官，就用技師職務順了他的意。這年是一九○一年，他三十九歲。

新渡戶以「總督府技師」受聘，他的職務等於五級官位，但卻享受一級的待遇。總督府內部對他的待遇議論紛紛，但是後藤新平力排眾議，極力聘請他來台灣。

渡台的新渡戶，用半年的時間巡迴全島，確信殖產興業必須推動製糖業。調查之後，他又趁赴巴黎參觀萬國博覽會之便，再遍歷歐美各國及殖民地調查製糖設備。回台前又到埃及、爪哇，實地考察當地的糖業經營，回台後就任殖產局長。

台灣在荷蘭時代就開始製糖，糖業是一大輸出產業。和台灣甘蔗同科的甘草植物一向叢生，台灣是最適合栽種甘蔗的地方。

然而，日本領台初期，台灣甘蔗的品種莖細收穫量也少，必須先改良品種。台灣本地的竹蔗、紅蔗品質低劣，一甲地的收穫量少，含糖量也很低。

製糖業一向由水牛推磨的小規模糖廍佔大部分，要發展必須用壓榨機來取代水牛的改良製糖工場。台灣的近代產業從兒玉總督時代，才開始確立。

新渡戶深知現狀，參考國內外的情況與當事者的意見，向兒玉總督與後藤新平提出包括甘蔗品種改良、栽培方法、

製造方法等糖業具體方案的〈糖業改良意見書〉。

新渡戶獲得兩人無異議的支持，首先從外國引進適合台灣風土的新品種，取代本土甘蔗品種，改良耕作方法。接著，他又栽培各種不同時期成熟的品種，在台灣的工場費盡一年的工夫。

根據新渡戶的建議，台灣總督府從爪哇及其他糖業先進地引進蔗苗，勸告農民栽種適合台灣的品種，但是農民極端保守而不肯接受，新品種的種植在一九〇三年只有一～二％左右。

然而，在政府砂糖原料農園學習與支付獎勵金的政策之下，一九〇七年新品種栽種面積有六成，一九一二年則普及至九十六％。

一九〇四年一甲生產量爲二一〇六公斤，一九一一年增加爲三二〇二公斤。接著，中央研究所農業科輸入新品種，試種、改良以後，昭和時代一甲生產增加至一百八十公噸。也有超過二百四十公噸的。

振興台灣糖業的新渡戶，回國後又立刻出任京都帝大教授，同時又兼任台灣總督府囑託，每年一次到台灣指導農業。後來，他又歷任一高校長、拓殖大學學監、東京女子大學校長、國際聯盟事務局次長、太平洋問題調查會（IPR）理事長等要職。

一九三三年，他參加在加拿大召開的太平洋問題調查會第五次大會後，突然病逝，享年七十一歲。

台灣糖業的發展在新渡戶的改良之下，從品種改良開始

的十一年後，砂糖生產量增加六倍，可見他的偉大貢獻。

　　甘蔗品種的改良與灌溉、排水、施肥、驅除病蟲害等技術的提昇，使種植面積及收穫量年年增加。從統計數字上看台灣砂糖生產量，日本領台前年產量約五萬噸左右，在一九三六年至翌年的最盛期，年產量超過一百萬噸。

　　最高年生產量，是一九三八～一九三九的一四一萬八七三〇噸。台糖的輸出量也激增，一九〇九～一九三四年間佔總輸出金額約五〇～六〇％，成為台灣最大宗的外銷商品。

　　戰後，台灣經濟仍依存米與砂糖，直到一九六〇年代由日本資本與技術的轉移，才成功的完成產業結構的轉換。

第6章

為台灣人的教育而奉獻的日本人

一、至今仍被仰慕的日本人教師

台灣的教育史一向是外來統治者的事業

台灣教育史有兩大罕見的特徵：第一，有史以來幾乎都是外來政權的教化和教育；第二，統治者換人，教育制度及內容即斷絕、激變。

荷蘭與西班牙佔領時代，以傳教士爲教化主體。教化的對象，以平埔族原住民爲主。根據荷蘭人的紀錄，教化活動從一六二七年開始。

當時的新港社就學兒童有四四○人的紀錄，教學內容以羅馬字的讀與寫、習字、祈禱文、十誡、聖經及聖歌合唱爲主。

以後，鄭氏王朝取代荷蘭人統治，興建孔廟及明倫堂，開辦學院及學校，在州府院開科取士，只有二十三年，就被清國取代在台灣的統治權了。

清國將台灣視爲「化外之地」，全無教化及教育可言。民間除了私塾及書房以外，只有官設的府縣儒學（縣立學校）、書院（科舉測驗學校）、義學（貧困子弟的啓蒙教育學習塾）及社學（農村的官設簡易學校）。

因而，以上均為「科舉」的預備學校。「化外之地」的台灣居然產生了二十名進士合格者，決不是民智未開之地。然而，儒學教育的特色，只限於少數讀書人來支配民眾的教育而已。儒教社會教育由於抱殘守缺，導致社會落後。

清國時代全無近代國民教育或專門技術教育可言，因而台灣的近代化，是從日本時代才開始的。

日本時代以前的惡劣台灣教育事業

台灣的近代化，從日本時代的近代國民教育開始。清國時代與日本時代的教育本質不同，由這可一目瞭然。

書房的起源年代不明，大抵推測是鄭氏王朝時代，由舉人徐孚遠在台南附近開始教育兒童。

書房分為三種類型：讀書人在自己家裏召集鄰近的親戚或鄰居的小孩，直接教育他們。另外，又有一種由地方有心人士共同聘請教師，或者有力者為家族子弟聘請教師，在家裏任教。

和義塾、社學是官立或公立相對而言，書房是私立的，具有私塾的要素，其維持營運完全依賴學生的授課費。書房的就學年限也不一定，要看家庭的經濟條件來決定就學年限。

根據《台灣通史》記載，「貧者」三、四年，「小康者」六、七年，「富者」十年。但是，參加「科舉」考試者超過十年以上的人很多。

　　書房教育的目的，和近代的國民學校教育或專門學校教育完全不同，只從漢字漢文的讀寫開始，爲科舉考試而準備。把受讀與寫的基礎教育者稱作「小學生」，通過科舉教育者稱作「大學生」。

　　清國時代的書房普及率並沒有統計，日本領台二年後的一八九七年，根據台灣總督府的調查，當時的書房有一一二七所，學生總數爲一萬七〇六六人，入學年齡一般在七歲左右。

　　從統計數字單純地計算，一所學校的學生平均約十四、五人，和近代國民學校的教室比率與規模相差太大。當時台灣總人口約三百萬人，書房的就學率不過〇‧五七％，加上進入義學或社學的也不滿一％。

　　伊能嘉矩的《台灣文化志》裡指出：

　　　從書房使用的一年級到八年級的教科書內容來看，
　　幾乎只是古籍的學習和科舉的練習罷了。書房的教
　　科書並未循序漸進，大抵都是從《三字經》、《千
　　字文》到四書五經的古典漢文，只教背誦、暗記、習
　　字、作文、寫信等等。

　　台灣總督府的首任學務部長伊澤修二，對此就不客氣批評說：「大概都是鄉下秀才教小孩子讀書寫字罷了。」但是，以四書五經爲主的教育內容，「也和我們在明治維新前所受的教育一樣」，都是無用之物。

　　台灣總督府國語學校校長町田則文，對當時書房的情況有所描述。他說：「由七‧二公尺長，三‧六公尺寬的長方形所構成的書房，只有一個房間，地板用磚頭砌成，除了入口以外四面都是牆壁。光線只透過小窗口射入，人一進入，只見比下雨天更加烏天暗地，教室由學生自己打掃、整理。」

　　町田又繼續批判說：

　　「教師一面教書，一面抽煙，學生只有吸他吐出來的煙霧。」

　　至於書房名稱，「其名頗為雅緻，但是內容卻污穢不堪，一進室內就被搞得想嘔吐。」

　　「然而，學生又必須經年累月耗費時間學習，大多是白費，每日只學二、三行字，二、三頁的寫字、對策（科舉的作文練習）而已。」

　　直到日本領台以後，台灣才開始迎接教育制度的迅速大變革時期。從以往以科舉為主要目的的教育，改變為以實學為目的的教育制度。這比幕末的藩校、私塾改變成維新（明治維新）後的學制改革，更加是空前的巨變。

蓬勃發展的日本近代教育

　　台灣的近代教育，在日本時代以前就已經開始嘗試，但都一再失敗。清國平定回亂後，改回部為新疆省，四年後的一八八六年又設台灣省。首任巡撫劉銘傳推行洋務運動，設

立西學堂、電報學堂、蕃學堂等新式學校，結果都以失敗告終。

　　日本推動台灣的教育改革，宛如「疾風怒濤」般地突飛猛進。這是明治維新的延長，更和出兵台灣的戰爭同時進行。因爲馬關條約簽訂後，台灣民主國宣佈獨立。民主國崩潰以後，島民猶繼續激烈地抵抗，至兒玉源太郎、佐久間左馬太兩總督時代（一九一五），討伐戰爭仍在持續的進行。

　　在如此的社會背景之下，一八九五年五月二十一日，台灣總督府任命伊澤修二爲學務部長。日軍進入台北城十一日後的六月十八日，伊澤修二在市民逃散的戰火廢墟中，借用大稻埕的民宅，開設學務事務所。

　　六月二十六日，學務事務所遷至芝山巖，七月十六日再向寺廟以每月五圓租金，開辦芝山巖學務部學堂，正式開學。十月十七日，芝山巖學堂第一期畢業生六名，授與修畢證書。

　　以後，台灣總督府一面討伐各地土匪，一面設立國語傳習所和公學校。一八九九年，再設立台灣的牛津、劍橋，即總督府醫學校和師範學校。台灣民族運動的領袖，以及社會各界的領袖，也大都是從這兩所學校畢業的。

　　台灣的初等教育包括國語傳習所、台灣語傳習所、公學校、蕃人公學校、小學校等等。中等教育則是一九○七年，從國語學校的中學部獨立出來成立中學校後才開始的。

　　專門教育從一九○○年，在國語學校內附設鐵路科和電信科開始，陸續設立高等中學、高等女學校、各種專門·實

業學校、盲啞學校等等。大學的設立，則比日本國內的大阪帝國大學或名古屋帝國大學還早，繼朝鮮的京城帝國大學之後，設立台北帝國大學（一九二八）。

日本時代的五十年間，台灣人的公學校就學率在一九四三年是七十一‧三％，日語普及率達到五十七％。在亞洲，這是僅次於日本的第二高的就學率，奠定了台灣近代化的基礎之一。

《台灣教育沿革誌》引用國語學校校長町田則文的話，顯示日本對台灣近代化的教育和成果，他說：

> 「我國向外國人實施日本教育，是二千五百年來由本島為嚆矢。事業成功與否，將是舉世教育家所注目的。」

教育絕無壓制可言

日本的近代化教育如果是「教育征伐」的話，那麼台灣人果真受到「殖民地統治的教育壓制」嗎？台灣總督府有「強制」教育嗎？答案存在於廢止書房教育的過程。

一八九五年日本領台後，經過二年間的國籍選擇期，所有台灣人都成為日本帝國的國民，台灣人通過科舉而作官的道路也關閉了。

日俄戰爭後的一九〇五年，清國廢除從隋唐時代以來

千年的科舉制度，中華的傳統教育也告終結。教育的瓦解也意味著支持社會價值的崩潰。因而，意味著支配廣大東亞的華夷朝貢制度也告崩解。當然，以科舉為目的的台灣書房教育，也被公學校教育取代而走向衰亡的命運。

這時候，日本式的國民教育應運而生。但是，書房教育被公學校取代的原因，在於其虛學的本質抵不過實學的公學校教育而被自然淘汰，絕不是什麼「殖民地統治的教育壓制」云云所強調的理由。

因此，日本教育體制的引入，其價值轉換非一朝一夕即可改變，把教育台灣人子弟的書房，移向公學校教育，需要一定的時間。

首先，為了普及國民教育，設立以島民為對象的日語初等教育機關，即公學校。一八九八年七月公布〈公學校令〉，同時設立五十五所公學校。

剛開始也招收不到學生，島民對這個制度的頑抗也是理所當然的。台灣的父兄，強烈地抵抗日本的學校教育內容。不只庶民階層對學校教育毫無興趣，連富裕的中產階級也蔑稱日本人為「蕃仔」，頑固地拒絕把子弟送去公學校。

另一方面，受漢學教育的中產階級，也反對日本學校的歌唱教育，認為那是乞丐唱「哭調仔」。沒有受過漢學教育就不能成為有教養的文人，無法書寫規矩的書信或文章。何況，公學校上學又必須剪掉辮子，送回日本內地，恐怕這將遭土匪突襲的謠言四起。

最初階段，為招募學生，必須付給學生一日十錢的餐費

和五錢的上課費。但是，台灣人完全拒上公學校，總督府也不敢貿然強制的廢止書房教育。

　　經過日俄戰爭，台灣人的生活慢慢富裕起來，放棄武力抵抗的社會日漸安定，眼看總督府推行的近代化日見成效，公學校學生增加，書房日日衰退，日本的近代國民教育才慢慢在台灣生根下來。

台灣教育精神的象徵──六氏先生

　　台灣近代教育的嚆矢，是日本從事近代國民教育的六氏先生的「芝山巖精神」與「教育勅語」兩大支柱。

　　六氏先生是在芝山巖遭土匪襲擊而喪命的六位日本教師，他們大

六氏先生，左起：桂金太郎、中島長吉、楫取道明、井原順之助、關口長太郎、平井數馬

義凜然不顧危險的雄姿和氣概，被很多的台灣人讚賞並稱之為「芝山巖精神」。

　　日本在台灣的教育改革，儘管在戰後一再被斥責為「殖民地教育」，但是，我小學入學以後，一直從母親口中聽到了「芝山巖精神」，並且背誦「教育勅語」。我並未像戰後所責難的那樣，有著惡劣的印象。

　　一八九五年六月，在清兵掠奪、放火之後，兵不血刃地

入城的日軍，立刻借用民家開始教習日語。當時，伊澤學務部長率領六名學部員，在台北城北郊的八芝蘭（士林）的寺廟惠濟宮內設立學務部。接著，他們在芝山巖學堂開辦日本語教育，開始當時只有七名學生。六位教師的姓名，依次是：

楫取道明	山口縣人	三十九歲
關口長太郎	愛知縣人	三十八歲
中島長吉	群馬縣人	二十七歲
桂金太郎	東京都人	二十七歲
井原順之助	山口縣人	二十四歲
平井數馬	熊本縣人	十八歲

　　六氏先生中楫取道明的父親，是吉田松陰的妹妹壽子和小田村素太郎（後改名楫取素彥）所生的兒子。其父繼承松陰擔任松下村塾的塾主而活躍，後來成為貴族院議員被授為男爵。

　　道明身列華族而熱心開化教育，決心到台灣「化外之地」獻身教育。出身士林名家，後來擔任街長的潘光楷，在他的《回顧三十年》一書中，嘗敘述和道明先生共同起居而受教的情景。

　　最年輕的平井數馬，是在日本當時，以十六歲年紀通過高等文官考試合格的最年輕優秀的人才。

　　當時，六氏先生原不知芝山巖是時常遭到土匪攻擊的危險場所，是從學生的口中才知曉情況。學生勸他們儘快

離開，免遭不測。但是，當時的「先生」（老師）豈有會逃跑的？他們爲秉持開化教育而獻身的大義名分，照常上課教育學生。

六氏先生維護大義名分的意志堅定，他們經常對學生說：

> 「日本佔領台灣並非掠奪的結果，而是經過日本天皇陛下和支那皇帝陛下所締結的條約決定的，與我師生爲敵是對支那皇帝的不忠行徑，不知大義名分。」

的確，他們的說法有道理。根據國際法，台灣由馬關條約決定永久割讓給日本。而清國的兩江總督（張之洞）準備把台灣賣掉或以特權爲餌，策動英美法俄各國出面干涉，不但不忠，而且違反國際法。

從這樣的理論思考，匆匆逃離芝山巖，教師又豈能向學生說以大義名分？楫取道明有此覺悟，對學生說：

> 「我們平常對學生訓誡，當秉持大義名分而成爲良民，如今不能爲躲避匪賊而逃之夭夭，才能取得他們的信服。我等爲國家而不惜性命，一旦逃走豈能盡教育者的本分？」

芝山巖事件，是在開始教育半年後的一八九六年元旦發生的。六名教師要到台北參加新年拜年儀式，但是在前一天

黎明被土匪襲擊，無法搭船前往。

　　他們不得不折返芝山巖。中午時刻，他們再下山，在半路上被一百多名土匪包圍。六個人說明事情原委，但是對方是土匪，經過肉搏戰之後，寡不敵眾，六名教師與一名工友（小林清吉，軍伕）一起遇難。

　　被殺的七個人的首級，被掛在首領賴昌的家門前。接著，芝山巖傳習所的教室和寢室內，六氏先生的金錢和營運資金都被土匪洗劫一空，事件發生的八日後，才發現沒有首級的屍體。

　　六氏先生的遺灰，在半年後的七月一日才和芝山巖的墓碑一起安置，並舉行了第一次的悼念式，建立祭祀他們的芝山巖神社。六氏先生的精神，是台灣近代國民教育的寶鑑，受到許多人的敬仰。

　　此後，因從事台灣的開化教育而殉職的教師共有三二七人。鑑於這個悲劇，才將六氏先生立為日本開化教育的楷模。伊藤博文總理也在始政一周年之際到台灣，親自提議豎立「學務官僚遭難之碑」，以紀念殉職的教師們。

破壞義士紀念碑、崇拜殺人魔的中國人

　　但是，戰後國民黨軍進入台灣，立刻破壞「六氏先生殉職」紀念碑，把墓碑埋掉，以對抗「日本教育」的象徵，並且在芝山巖建立雨農紀念圖書館，以紀念大特務戴笠（字雨農）。

　　戴笠是蔣介石最貼身的走狗，一生暗殺數十萬蔣的政敵，一九四五年終戰前由於原因不明的空難死亡。這個紀念圖書館，象徵著只對蔣介石一人效忠的表率。

　　後來，台裔日人書道家陣內伯台，耗費多時，把被水泥埋下的伊藤博文與後藤新平揮毫的石碑重新復原，並將拓本呈送給六氏先生的遺族。

　　芝山巖神社也被破壞，更把土匪捧為「義民」和民族英雄。中國人捏造歷史所立的紀念碑，歌頌「反日抗日」的歷史是為台灣的回歸祖國而努力。

　　國民黨軍忘我地破壞日本人墓地，連紀念碑、墓碑、銅像都不放過。中國一旦改朝換代，就會在皇宮、京城裡大肆屠殺，本來就不足為奇了。

　　六氏先生的遺骨，也被國民黨軍破壞前朝紀念碑的惡習丟棄在路旁，神社也被拆毀，當地惠濟宮的住持才為他們重立無名碑，鄭重的弔祭。

　　六氏先生的紀念碑，最近又由他們的學生重新再建立，立刻被中國人破壞，中國人喜歡掘墓的惡習，由此可見。

　　一九九六年六月一日，「六氏先生之墓」重新設立。以士林國民學校校友會會長林振永為中心，舉行盛大的「芝山巖事件一百週年」紀念儀式。當時的台北市長，即前總統陳水扁先生也出席致意。日本方面，有前勞動大臣藤尾正行等三十四人參加，並由士林公學校畢業的尼姑柯寶祝住持，用日語誦念般若經悼念亡魂。

台灣近代教育的開山祖──伊澤修二

伊澤修二

台灣近代教育的最大功勞者是伊澤修二。他是除了後藤新平以外，現代台灣的年長者最熟知的日本人。

他是台灣首任學務部長，設立師範學校和促進台灣人的日語教育、日本人的台語教育，是奠定台灣教育基礎的知名教育家。

伊澤在一八五一年生於信濃國高遠的藩士之家，其父勝三郎是領有二〇俵（一二〇〇公斤）年俸的貧困武士。他是五男五女十個兄弟姊妹中的長子，也是第十任台灣總督伊澤多喜男的大哥。

伊澤在十一歲入藩校進德館，一、二年內就讀完四書五經，也精通沒有標點本的和漢歷史書和唐宋八大家的文章，自幼被視為神童。

他讀遍進德館所藏的科學、法學、文學、數學、兵法等翻譯書，十五歲就以優秀的成績被拔擢為寮長。

一八六九年，修二到東京進入開成學校就讀。開成學校（一八五五）是幕府的洋學所，在明治維新後所改名的。後來又改名為大學南校，成為栽培明治新政府新人才的場所，而

廣向各藩招募學生入校。高遠藩也分配到一個名額,藩校師範的中村黑水推薦了伊澤修二。

開成學校時代,伊澤受到約翰（中濱）萬次郎的個人英語教學。

世代移行至明治時代,修二在一八七三年到文部省工作。明治維新政府從文部省派遣十六名留學生赴美,考察師範學校制度,伊澤也是其中之一。他進入麻薩諸塞州的布利希弗爾特師範（美國第一所師範學校）,師事音樂老師梅遜學習音樂教育。

伊澤致力於日本近代音樂教育,對音樂教育頗有貢獻。他的代表作品是幼稚園的兒歌〈蝴蝶之歌〉,以紀念天長節、紀元節的歌曲。

在布利希弗爾特師範學習完畢的修二,求知意願仍很高,遂於一八七八年七月進入哈佛大學理學部學習。

返國後回文部省任職的修二,在甲午戰爭後的一八九五年四月,來到廣島大本營,拜會了內定為台灣總督的樺山資紀,陳述有關台灣的教育意見。同年五月十二日,樺山聘他為陸軍省雇員大本營隨員,九天後的二十一日被任命為學務部長代理。

一八九五年六月六日從宇品港出發,航向台灣。六月十四日,日軍兵不血刃地進入台北城,之後伊澤就借用了大稻埕的民家開始學務部的業務。

修二從一八九七年起,計劃設立培養台灣人教師的師範學校,但因預算遭刪減而擱置。二年後,頒布〈師範學校官

制〉，在台北、台中、台南同時開辦三所師範學校。一九○
七年，又廢止師範學校，在國語學校內設立師範部乙科，培
養台灣人教師。

日本對新領土台灣最頭痛的任務，是解決語言不通的問
題。修二向樺山總督提議，當務之急是讓台灣人學習日語，
以及日本人學習台語。

修二首先研究台語。他熱心地提出以片假名做為台語拼
音的方案。

他一方面力勸萬能的官僚，同時又兼顧反體制的一面，
留下《教育學》、《學校管理法》等多種著作。他又歷任東
京師範學校校長、東京高等師範學校校長、東京音樂學校校
長，並為矯正口吃而創立「樂石社」。

他的活動範圍不只在日本和台灣，也到達中國和韓國，
他的學生人數達到五千人。日本的學校教育中的音樂及體操
科目，也是他引進的。

修二擁有如此多方面的素質與教養，成為日本近代化的
功勞者之一。

一九一七年五月四日，伊澤修二享年六十七歲辭世。翌
日的葬儀，包括寺內正毅總理大臣及山縣有朋元帥等著名人
物在內有二千多人參加。他的弟弟多喜男指出：「家兄精力
充沛，每日只睡三、四小時，才能開拓前所未有的境地。」

伊澤的遺骨，依照他的遺言埋葬在芝山巖的六氏先生墓
內。有關他的生平，可參考上沼八郎的《伊澤修二》（吉川
弘文館）、《伊澤修二‧他的生平與業績》（高遠圖書館）、埋橋

德良的《伊澤修二的國語研究》（銀河書房）等書。

　　伊澤修二是奠基台灣近代教育的最大功勞者，是台灣人至今仍心存感謝的日本人之一。

二、對台灣人的日語教育　絕無差別

日本語是台灣最初的共通語言

　　近代國家的條件之一，是語言統一的問題。日本統治下的日本語教育，不是惡的象徵，台灣受到日本異文化的影響，學得日本語成為共通語，才能變成近代國家，這才是正確的歷史認知。

　　區分為平地民族和山地民族的台灣原住民，是和菲律賓、印尼一樣有著馬來波利尼西亞語系的人們。但是，在荷蘭時代由大陸移住台灣的漢民族移民，使台灣的語言呈現出多樣化。

　　人數最多的是福建人的泉州系和漳州系，但和客家系語言又完全不通。語言的差異造成文化及生活習慣的差異。毫無共通性可言的族群，在狹窄的島嶼裡只得分開各自生活。

　　日本人來了以後，成為台灣各文化共通語的日本語登

場，所有的族群都一律接受日本語教育。一九三〇年代，做
爲「皇民化運動」的一環，政府獎勵在學校和公共場所使用
日語。

這個事實，不能被解釋成「日本剝奪了各民族的語言文
化」。但是實際上不是「被剝奪」，而是像成爲國際語的英
語那樣，更加普遍的共通語流入台灣，才是更加正確的。我
可舉證說，學校及公共場所，絕不故意剝奪本地人日常生活
所用的母語。

反過來說，對台灣人而言，日本語教育是吸收社會科
學及自然科學的近代概念的根源。語言的成熟度反映了文化
水準。明治以後，如果沒有透過吸收西歐近代化概念的日本
語，台灣人恐怕還未進入近代化吧？因爲中國語與近代化無
緣，日本語是台灣近代化的母語。

戰後，台灣的不幸，是國民黨政權下的國語，由日語變
成北京語。日語的邏輯所建立的近代軟體，戰後完全無法使
用，從教育到大眾傳播的溝通，再度歸零重新開始。

尤其已經精通日語的一代，完全被剝奪了吸收新知識及
資訊的能力，被無知的黑暗所籠罩。

經過日本在台灣的教育改革，比日本國內的明治維新更
加快速進行，把教育當作「平定台灣」也不爲過。在台灣推
動教育，是把前近代的島民教育爲近代市民的同時，又改善
惡劣的環境爲當務之急。

努力學台語的日本人，禁止講台語的中國人

日本人為了教育台灣人，首先做的是學會台灣話。日本領台初期，官廳的警察學校與師範學校教師，為了教化台灣人必須先學會講台灣話，這是在一八九五年十二月十八日，由陸軍幕僚大塚少尉公開提議學習台灣語。

總督府立刻召開台語學習會，當時的講師有國語學校教授吉島俊明、台語指導王星樵與陳文溪二人。《台灣文化志》的作者伊能嘉矩，也在講習會學習台語。

尤其和住民直接接觸的警察最重視台語，他們因此成為日本人當中最會講台語的。與此相比，戰後來台灣的國民黨警察，幾乎完全不會講台語，製造了許多糾紛。

戰後，首任台灣行政長官是浙江人的陳儀，他在擔任福建省主席時，福建的警察清一色為浙江人。他們和福建人言語不通，衝突不斷，他的統治是福建省民最悲慘的時代。

日本領台初期，日本人非常熱心學習台語。一八九五年，學務部任用吧連德與林瑞庭二人為通譯，陸續出版了許多台語教材，包括：

神田保和的《台灣語集》。　　　（一八九五年七月十八日）

加藤由太郎的《大日本新領地台灣語學案內》。

（一八九五年九月二十二日）

佐野直紀的《台灣土語》。　　（一八九五年十一月三日）

水上梅彥的《日台會話大全》。　（一八九六年二月十七日）

辻清藏、三矢重松的《台灣會話編》。

（一八九六年三月十五日）

御幡雅久的《警務必攜台灣散語集》。

（一八九六年三月三十一日）

田部七郎、蔡章機的《台灣土語全書》。

（一八九六年四月十一日）

秋山啓之的《實用日台新語集》。

（一八九六年九月二十五日）

學務部的《台灣十五音及字母表》。

（一八九六年十一月八日）

《台灣適用會話入門》、《台灣適用作法教授書》。

（一八九六年十一月三十日）

俣野和吉、高橋靜虎的《軍人用台灣語》。

（一八九七年八月二十五日）

　　從上述的例子，就可以看到日本人是如何熱心學習台語了。日本領台十年後的一九○五年，開始首次全島戶口調查。調查結果，五萬七三三五名日本人當中，就有六二六九人會講台語，約佔全體的一○‧九％。

　　一九二○年，台灣首次國勢調查，十六萬四三三五名日本人當中，有一萬五七六○人會講台語，約佔全體的九‧六％左右。二十世紀初在台灣生活的日本人，有約十％會講

台灣話或理解台語，尤其是警察與教師，更會學習台語以在現實上使用。

戰後來到台灣的中國人，根本不學習台語甚至禁止台語、消滅台語而強制推行北京語。在學校講台語，就要罰錢或體罰，甚至掛上「我不講方言」的狗牌來羞辱台灣人學生。

日本人的方式就不一樣。一九三○年代，日本人理解台語的開始減少，因為台灣人大多能理解日語了，日本語也成為多語言社會台灣的共通語。

在台灣普及日本語教育，台灣人的就學率提高，一九四三年才得以實施義務教育。根據一九四二年的調查顯示，日語的普及率達七十三％，二十五歲以上的男子普及率高達八十三％。

台灣兒童的就學率在一八九八年還不到二‧○四％，一九○五年徐徐上升至四‧六六％，一九三五年達到三十九‧三三％，而一九四四年更高達七十一‧一七％。

以研究台語和高砂族聞名的是小川尚義。

小川尚義在一八六九年生於愛媛縣松山市。讀過縣立松山中學，第一高等中學（一高），東京帝大博言學科（語言學科）畢業。根據酒井亨的〈小川尚義〉（《福爾摩莎》，一九九四，八）刊載，在松山市道後溫泉「椿之湯」的浴盆所雕刻的，

小川尚義

正岡子規

「在道後溫泉洗盡十年汗」一句，是小川在一高大兩屆的前輩正岡子規（俳人）送給他的俳句。

　　小川淡泊名利，他後來到總督府的學務部工作埋頭研究高砂族，親身到高砂族部落生活並展開精密的調查。

　　他的研究成果，在一九三五年以《台灣高砂族系統所屬的研究》及《用原語的高砂族傳說集》二書由研究室出版，翌年獲學士院（天皇）恩賜賞。

　　一九○七年出版的《日台大辭典》即採用小川所設計的標音法。後來，他受總督府指示，著手編纂《台日大辭典》。他耗盡二十年歲月傾力而為，上卷在一九三一年三月十日，下卷在翌年的三月三十一日出版。

　　上下卷合計一九二○頁的堂堂巨著，收錄的語詞達九萬餘語，從出版到半世紀後的現在，還沒有一部台語辭典超過它的。

　　小川退休後猶繼續研究台語和高砂族，一九四七年十一月二十日他去世，享年七十八歲。

三、台灣近代文化的功勞者

致力台灣文化史研究的伊能嘉矩、鳥居龍藏、尾崎秀真、金關丈夫

日本人一面把未開之地的台灣，灌注近代化的新風，同時也不忘保存台灣的舊有文化。至今還能研究台灣文化，繼承他們的研究的人，都受他們的成果所影響。

伊能嘉矩

知道《台灣文化志》這部巨著，要研究台灣就不能不知道它的作者伊能嘉矩。伊能是在一八六七年生於岩手縣遠野，小學畢業後就立志學醫以繼承家業。他在外祖父開設的敬心塾讀過一段時間，中途轉而改修漢學，長於文才。

一八八五年他十九歲時到東京，進入漢學名校的斯文黌就學。但是，在苦學途中又受挫，轉學二松學舍。當時，他用漢文著作《日本維新外史》一書，發揮了史學家的才華。

他在一八八九年進入東京每日新聞社擔任編輯工作，二年後轉到東京教育社任職，一八九三年再受聘擔任《大日本教育新聞》總編輯，同時，他又師事東京帝大的坪井正五郎教授學習人類學。

一八九五年，伊能和鳥居龍藏共同創設「人類學講習會」，為研究日本周邊的民族而學習朝鮮諺文和北京語。這

一年，伊能渡海來台，馬上到土語講習會學台語，當時的日本蔑稱台語爲「蕃語」。

伊能的專業是民俗學而不是語言學，但是他深知要研究民俗、歷史、文化就必須具備語言的能力。他備受朝野注目的是，在甲午戰爭爆發之際發表他執筆的《戰時教育策》。

馬關條約締結，台灣被永久割讓給日本，伊能立志調查研究台灣住民，一八九六年十一月，就以陸軍省雇員身分來台。他來台後，配屬在總督府官房課長之下，第一件工作是處理芝山巖事件，向上司提出報告，以後，他又出任國語學校書記兼民政部配屬。

一八九七年七月，伊能被任命爲國語學校教諭，翌年一月兼任總督府屬，受命「蕃人教育設施準備工作」。伊能與粟野傳之丞一起在全島走了二千多公里，實地視察原住民居住區。

當時的原住民居住區，險路嵯峨，溪流奔騰的斷崖峭壁，遍布荊棘的道路，加以匪賊出沒、原住民的出草，是相當危險的場所。他跋山涉水不顧險惡，即使病倒也再度振作。

如此艱難險阻的調查之旅，不但要有堅強不屈的意志和強韌的精神，更要有那個時代的使命感。在這樣的體驗之下，一九〇〇年他和粟野合寫了《台灣蕃人事情》，由總督府民政部出版。

此後，他又奉命調查台南縣及澎湖的地理歷史，伊能奔馳各地，他的成果有《台灣蕃政志》、《大日本地名辭典》

（台灣編・澎湖島），爲後代留下重要的史料。

一九○○年十月，台灣慣習研究會成立，推選伊能爲幹事。之後，他關於台灣的歷史、住民的研究論文，也大多刊登在《台灣慣習記事》上。一九二二年，他更成爲總督府設立的史料編纂委員會的重要成員，付出貢獻。

伊能是台灣文化史研究的巨人，識者對他的功績評價相當高。

在報社和民間，也有很多對台灣文化有貢獻的日本人。日本領台後的第二年《台灣新報》創刊（一八九六），翌年（一八九七）《台灣日報》創刊。後來兩報合併，當時版面有日文與漢文兩欄並存，漢文部主幹是有名的漢詩詩人籾山衣洲，他是當時台灣言論界的開拓者之一。

籾山是兒玉源太郎的別墅「古亭莊」的管理人與住客。

兒玉在日本領台三年的一八九八年擔任第四任總督後，自費六百圓買下「古亭莊」的別墅。他在那裡蓋有茅屋，暇時種種蔬菜，享受田園生活，因爲別墅在城南，因此又稱爲「南菜園」。

兒玉後來被中央政務纏身，很少留在台灣，台灣實際上交由民政長官後藤新平統治，而兒玉留下來的別墅，也就由籾山接手了。

籾山在一九○三年因病而辭去報社工作，到北京的保定陸軍學校擔任教官。

繼續他在報社工作的是尾崎秀眞，尾崎也和籾山一樣接手管理「南菜園」。

　　後藤新平是「南荼園」的常客，時常和太太騎著自行車，拉風的進出南荼園，招呼四方的英雄好漢。

　　尾崎秀眞的長子尾崎秀實是昭和時代的社會主義者。小時候在台北長大，小學、中學都在台北接受教育。後來入學東京帝大，每月都獲得後藤的經濟援助。但是，一九一四年他涉入佐爾格事件（蘇俄間諜佐爾格以德國記者身分，在東京收集情報）被捕，後來被處死。

　　秀實的弟弟尾崎秀樹也在台灣長大，進入台北帝大附屬醫學專門學校，迎接了終戰，他是日本文壇的名士。

　　尾崎秀眞擔任過台灣總督府史料編纂室及台北帝大教授，編著《台灣史話蓬萊山》。戰後回日本時，他把有關台灣的考古學資料留在台灣大學。

　　現在，台北龍山寺正門左壁上，還有秀眞撰寫的碑文，即「春日龍山寺，拈花笑口開，欲知觀自在，須識鏡非台」。他和辜顯榮有四十年的交情，一九三七年辜顯榮死去之時，秀眞受託爲傳記編纂委員，於一九三九年完成《辜顯榮翁傳》。

　　一九二五年重建的台北孔子廟（在大龍峒），費用雖是辜顯榮所捐贈的，但實際上是秀眞爲了在這裡成立台灣史料文庫而向辜提議的。秀眞反對「皇民化運動」，主張保存「台灣文化」。

　　皇民化運動引起日本人和台灣人之間的各種分歧意見。長谷川清總督和秀眞一樣，是台灣文化的保存派，寺廟整理事實上已經中斷。

大戰中還有日本人為保存台灣文化而盡力，末代台南市長羽鳥又男，他修建赤嵌樓和孔廟等古蹟，戰爭中又不肯把開元寺的銅鐘送給軍方，而遭憲兵隊逮捕拘留。

鳥居龍藏

當時，為台灣留下大量照片的是鳥居龍藏（一八七〇～一九五三），他是渡海來台的首位人類學調查員。鳥居自認「我是第一個用照相機進行人類學調查的人」，他扛著相機於一八九六年來到台灣。

一百年前的相機和現在的不一樣，是和電影攝影機一樣大的器材。當時的相機不能用手拿而必須用肩扛，他扛著相機走過山岳、溪谷，也走過崎嶇的山間小路。

但是，鳥居留下一千八百張照片，其中有關台灣原住民的照片有八百張。現在幾近滅絕的「平埔族」和「眉蕃」都留在他的照片裡。

鳥居生於四國的德島，小學低年級時曾二次留級而退學，此後，他再也沒受過正規教育。

一八九三年，他進入東京帝大人類學教室任標本管理員，師事日本人類學之父坪井正五郎，後來，鳥居創設了東京人類學會。

他在一八九六年七月～一八九七年二月第一次到台灣進行調查，調查地區包括黥蕃、高山蕃、阿眉蕃、卑南蕃、知

本蕃、平埔蕃等台灣東部的蕃社。

當時，台灣西部鼠疫猖獗，鳥居和堀內次雄一起「調查鼠疫感染路線」。

鳥居到一九○○年爲止，一共有四次對原住民進行人類學調查，踏遍全島。接著，他又到中國和世界各地調查。

他留下《紅頭嶼土俗調查報告》、《人類學寫眞集・台灣紅頭嶼》等民俗學巨著，至百年後的今日，他對雅美族的研究成果，還沒有人超越過。

金關丈夫

森鷗外

伊能嘉矩等人繼續鳥居的調查，當時的「蕃地」仍是未知的黑暗世界。鳥居龍藏和伊能嘉矩以外，研究高砂族最有名的是台北帝大土俗人種學研究室的移川子之藏教授。

移川和許多高砂族接觸，通過日本警察研究高砂族傳說的發源及集散離合的移動經過，一九三五年，他與小川尚義等人完成了《台灣高砂族系統所屬的研究》。

金關丈夫，一九三六年台北帝大醫學部增設時由日本聘請來的解剖學教授，也是對台灣史研究相當有貢獻的日本人之一。

他調查台灣人體質的人類學，進行大規模的系統研究。當時醫學部解剖學

教室開設兩個講座，一個是森鷗外的長子森於菟教授的組織學，即研究台灣各種族的膚色與蒙古斑的講座；另一個則是金關丈夫主持的解剖學，主要在進行測量及觀察人體的研究。

一八九七年生，京都帝大醫學部畢業的金關，一九三六年來台。他除了在台北帝大教授解剖學以外，更投入血型、手腳紋、體質人類學及各種族學童身體發育的醫學研究，同時也是精通人類學、考古學、民族學的淵博學者。

金關對台灣醫學的最大貢獻，是現在於台灣大學醫學院的解剖學教室中，全都是金關留下來的各種研究成果。一九四一年，台北帝大的學者和民間合作創刊《民俗台灣》，金關也以「林熊生」為筆名刊登〈龍山寺的曹老人〉等偵探小說作品。

戰後，金關被台灣大學留用至一九四九年。這中間，他仍參與許多原住民遺跡的挖掘工作。挖掘台灣東海岸的卑南遺跡，即是一例。回國後，金關擔任九州、鳥取、帝塚山大學的文化人類學教授而活躍，一九八三年時去世。

台灣近代美術之父 ── 石川欽一郎

日本人對台灣的近代美術有重大的貢獻。

石川欽一郎被譽為「台灣美術啟蒙之父」。

他培養出很多的台灣人藝術家，他的第一個弟子倪蔣懷，即受石川的教育成為台灣第一位水彩畫家，後來獻身台

石川欽一郎

灣美術的啓蒙工作，師徒二人成爲台灣美術的開拓者。

　　石川在一八七一年生於靜岡市。他在東京遞信省郵便學實技學校在學中，便學習日本畫和中國的南畫。一八九九年，他一面在大藏省印刷局工作，一面師事石井柏亭、淺井忠、川村清雄等名師，同年，他留學英國學習傳統式的英式水彩畫，獨自創立了自然主義的畫風。

作畫中的倪蔣懷

　　義和團事件的一九〇〇年時，剛從英國回來的石川，在第五師團政署總司令部任翻譯官。一九〇七年，他以台灣總督府陸軍翻譯官身分來台。同時就任台灣國語學校的美術教師。

　　直到八年後，他才退職回國，一九二三年關東大地震後再訪台灣，擔任台北師範學校教師，開始推動台灣的美術運動。

　　石川兩次來台，停留達十九年，其間致力於台灣美術教育。他指導學生對美術產生興趣，培養繪畫的技巧與美術鑑賞的能力。

　　另外，他又積極參與和創立「台灣水彩畫會」、「洋畫研究會」、「台灣繪畫研究會」，推動台灣西洋畫的啓

倪蔣懷繪：〈眞人廟〉

蒙運動，播下繪畫的種子。他創立並參加「台灣美術展覽會」，成爲「台展」的審美委員。

第一次「台展」的西洋畫參加者有七十六人，其中二十五人是石川的弟子。石川不但是優秀，而且是成功的美術家。他的作品描繪了台灣的風俗及風景，表達了他對台灣的熱情。

師生合影，右起：藍蔭鼎、陳植棋、陳英聲(立者)、石川欽一郎、倪蔣懷、洪瑞麟、陳德旺

陳澄波：〈嘉義街外〉

他在國語學校時代的弟子，是有名的畫家陳澄波。陳在一九三○年代四次入選「帝展」，後到上海擔任美術學校校長，是爲西洋畫教育獻身的人物。

陳也精通中國語，戰後成爲台灣人和中國人之間的通譯，二二八事件後被槍決於嘉義火車站站前廣場。一位目擊的美術家回憶說，槍決後屍體被丟棄在現場示眾，中國兵用軍鞋踢死者的頭部並大聲辱罵。翌日，他的頭上飛滿蒼蠅。

和我談起這件事的美術家，不禁嗚咽地指出：爲什麼完全不知美術爲何物的無知文盲──中國兵，會對台灣的美術瑰寶如此的羞辱？

石川的學生有倪蔣懷、陳澄波、陳英聲、郭柏川、王白淵、陳植棋、李石樵、藍蔭鼎等人，都是台灣美術界的前輩，成爲台灣美術界的中堅。世人盛讚「老一輩的畫

陳澄波

陳植棋　　　　陳植棋：〈台灣風景〉

家都是石川的門生」。

　　台灣美術界的成長與成熟，當然不只限於島內的人士，從島外留學回來的人貢獻也很大。當時，很多台灣人都到日本留學學習美術，尤其是東京美術學校，在確立日本近代洋畫的藤島武二、岡田三郎助、安井曾太郎等人的指導下，台灣留學生師事他們接觸了法國的新興藝術，磨練了寫實的技巧。

　　學生之中也有在「帝展」出名的。一九二六年，東京美術學校圖畫師範科三年級的陳澄波，以〈嘉義街外〉入選第七次帝展，以後陸續四次入選。

　　一九二八年，西洋畫本科三年級的陳植棋以〈台灣風景〉入選帝

高村光雲

黃土水

黃土水：〈蕃童〉

展；一九三三年，油畫科本科三年級的李石樵以〈林本源庭園〉入選帝展，台灣畫家人才輩出。

台灣有名的雕刻家黃土水，向日本雕刻界的長老高村光雲、建畠大夢、朝倉文夫、北村西望等人學習，一九二〇年以〈蕃童〉入選帝展。黃土水的活躍刺激了台灣的美術青年，掀起台灣美術史上的盛況。

一九三二年，台灣美術界的奠基者石川欽一郎回國，他在東京定居，並在鷗友學園高等女子學校、日本藝術學院執教鞭。翌年，他到日本各地及朝鮮寫生，一九四五年以七十四歲之齡去世。

他的學生為感念恩師而組織「一盧會」，定期召開展覽會。

石川留下了《課外習畫帖》、《山紫水明集》、《最新水彩畫法》等著作。

四、〈沙雍的鐘〉唱不完

至今還在台灣流傳的日本歌

　　我至今還會唱的一首日本歌謠是〈沙雍的鐘〉，從母親嘴裡教我的歌，在我讀小學以前就會唱了，這是大東亞戰爭末期流行的軍歌裡唯一的異類歌曲。

　　半個世紀以後，老一輩的台灣人還是會唱懷念的旋律，歌曲才是留在人心深處的東西。

　　台灣的俗語「第一衰剃頭吩鼓吹」，理髮的和吹奏樂器的被視為最低賤的人。如今歌手和演奏家被捧為明星偶像，但是在我祖父那一代，是把這些人當作比乞丐還不如的社會最底層者。

　　歌手和演奏者住過的地方，是被世人把土地挖掘起三尺以上捨棄，避之唯恐不及極端嫌惡的不祥之地。儒家文化的傳統是徹底蔑視歌舞，只有吟詩作對才算上

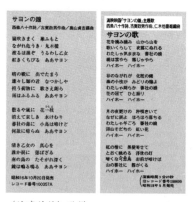

〈沙雍的鐘〉歌譜

流，歌舞被視爲最下賤的或是「蕃夷」的文化。支那人從春秋戰國時代約二千七百年以來就一直蔑視歌舞，它是忘記歌舞的民族。

伊澤修二爲學校編寫歌唱教材，爲台灣的國語學校所採用。國語學校當時招收不到學生的一個理由，就是因爲他們教歌唱。台灣人看不起歌唱，學生的父兄更害怕弟子被教壞了。

但是，一九二〇年代台灣接受「文明開化」的洗禮，明治、大正、昭和時代的流行歌，也在台灣流行起來。大正時代的台灣人作曲家、作詞家也誕生了，日語流行歌和台語流行歌同時在島內風行。

當時台語流行歌的代表作有〈雨夜花〉、〈望春風〉、〈月夜愁〉、〈河邊春夢〉等。〈沙雍的鐘〉則是大戰末期的代表歌曲，以電影的主題曲而大受歡迎。作曲者是古賀政男，作詞者是西條八十。

即使到了戰後，日本歌仍繼續留在台灣，連軍歌也都留了下來。日語在台灣逐漸消失，以台語演唱日本歌的風氣卻繼續下去，如今，這些成爲風靡台灣的卡拉OK歌曲，台灣人的精神史、文化史上最大的革命之一，就是接受日本歌謠。

日本歌謠和西洋音樂不同，從日本的傳統文化所產生的歌聲傳到了台灣，正如同佛教文化深入土地那樣，日本歌謠引起台灣人心靈的共鳴。

任何歌謠都有一個感人的故事，〈沙雍的鐘〉也包含了

歷史、眼淚、人性、愛和許多的故事。戰後，被中國軍隊壓制的台灣人，在極度悲愴下過日子。

國民黨進入台灣以後，把台灣當作反攻大陸的跳板。我在小學時代還練唱反攻大陸的軍歌，「反攻！反攻！反攻大陸去！」，「總統是我們的家長！軍隊是我們的家庭！」及高呼口號，還聲嘶力竭地唱軍歌。

但是，如此無理的強迫唱歌並未深入台灣的人心，蔣經國時代禁唱所有日本歌謠，也禁唱三百首台語歌，然而，日本歌在台灣也沒有因此而消失，卡拉OK的流行，日本歌謠再度風靡一世，成為台灣人的心靈糧食。

令人感動的〈沙雍的鐘〉

〈沙雍的鐘〉是一首日本的「文明開化」對台灣山地民族所產生的愛國故事，而且是事實。沙雍是生於現在台灣宜蘭縣南澳鄉，標高一千二百公尺山上的泰耶族利約亨村（今名武塔村）的女性，她的本名叫「約翰（yohan）」。

〈沙雍的鐘〉的故事，發生在當時駐在所日本警察田北正記身上。當時駐山地的巡查，除了警察任務以外，還要推動醫療及教育，自然和原住民接觸頻繁。

一九三八年中日戰爭爆發，田北警官也應召入伍，預定九月二十七日出征。他出發前，蕃社女子青年團副團長沙雍，為了不讓田北掛心，為他扛行李。

七名泰耶族男女被挑選出來，比田北早一步出發。他們

走過三十多公里的山路，舉火把連夜趕路。圓木橋下的河川已經被前一天的颱風吹得波濤翻滾，沙雍最後一個過橋，卻不慎失足跌入河裡，被激流吞沒。

穿著民族服裝的沙雍，在激流裡還揮手說：「莎喲那拉！」逐漸消失。以後經過一星期以上的搜尋，只找到她所背負的三個行李箱，遺體完全沒有找到。

蕃社為悼念她的死亡低唱〈想念沙雍〉的悲歌，三年後的一九四一年，高砂族青年團慰問學藝會在台北召開，在會上，利約亨社代表們唱出這首哀歌。

當時在場的長谷川清總督十分感動，立刻鑄造一口「愛國少女沙雍的鐘」，通過她的哥哥送給蕃社，族人把鐘安置在檜木造的小學鐘樓裡，每日讓沙雍的鐘響遍山谷。

台北州知事也受感動，在沙雍遇難的地點，豎立起一塊「愛國少女沙雍遇難之地」的一公尺高紀念碑，現在就立在武塔村的南澳溪分流點。

《沙雍的鐘》劇照：
右李香蘭、左三村秀子

在台灣的各民族裡，對日本人統治抵抗最頑強的是山地民族的泰耶族，但另一方面，他們也是對大日本帝國最忠誠的，和日本軍並肩作戰組成「高砂義勇隊」，泰耶族和日本人儘管文化各異，但是武士道精神卻使兩者強固地結合起來。

強調「反日抗日」台灣史的

支那人，一方面痛斥日本統治時代「日本人在霧社事件大量屠殺台灣人」，卻忘記了自己是一聽到日軍登陸就拔腿落跑的膽小鬼。他們是和唐景崧、劉永福一樣，在搶掠台灣人之後連夜搭上外國船逃回中國的卑鄙無恥之輩！

以後，沙鞍事件被新聞、廣播大肆傳播，成為美談。一九四一年十一月，日本哥倫比亞唱片也發行〈少女的眞情〉讚美這個事件。當時的歌手是渡邊濱子。接著，哥倫比亞的專屬歌手佐塚佐和子——她是霧社事件中犧牲的佐塚警部的長女——也到台灣各地巡迴演唱。

二年後，在滿洲映畫（電影）和總督府贊助下，由松竹映畫拍攝《沙鞍的鐘》電影。導演是清水宏，主演是李香蘭（山口淑子），上映後造成空前的大轟動。

戰後，國民黨軍進駐，沙鞍的鐘即行方不明，紀念碑上的「愛國」、「沙鞍」、「昭和」等文字也統統被刮掉、丟棄在河床裡。此後經過四十多年，才因一些和沙鞍有關的人士重新挖出石碑的一部分而再度舉行追悼式，目前，石碑幾乎全部復原了。

一九九三年，日本NHK電視台到台灣取材，播出了《傾聽幻影之歌〈沙鞍的鐘〉》紀錄片，並且採訪沙鞍的兄長和姊妹。

〈沙鞍的鐘〉這首歌歷經半世紀以上，現在仍在台灣流行，歌謠的旋律也流傳下來，這豈是強調日本時代的「軍國主義」可以講得通的呢？

台灣還生氣蓬勃存在的「日本精神」

一、日本移民村留下來的
　　開拓精神

漢人移民只有掠奪和屠殺的歷史，日本人保護原住民政策

　　日本人在台灣半世紀的經營，不但留下很多基礎建設和學術遺產，也對台灣的精神層面產生深厚的影響。尤其日本人的大和魂，更感動了無數的台灣人，至今「日本精神」還繼續流傳下來，令人敬愛。

　　台灣人讚美日本精神的一例，是在改良惡劣的自然環境中，建構生活的日本人的「開拓精神」。

　　馬關條約後，日軍在一八九六年五月登陸卑南（台東），然後北上佔領花蓮港。當時的花蓮港只是戶數三十一戶，人口八十一人的小村落。東台灣和西台灣不同，是台灣的內陸。

　　實際上，清王朝統治台灣，也在台東設縣，實質上只不過統治西台灣。東西台灣儘管接壤，卻沒有陸路交通，只能依賴海上交通往來。東台灣唯一的港口——花蓮港，也只是一個設備十分簡陋的小港口，從花蓮到台東的陸路，也必須

在小路上走六～七日。

終戰後，第二次出任東京大學校長的矢內原忠雄教授，在其著作《帝國主義下的台灣》中斷言：「東台灣和阿爾撒斯或愛爾蘭，同樣不可能開發。」

矢內原列舉的理由是：山崖被波濤緊迫的地形、地域狹隘，河川氾濫、不能灌溉、多濁水、缺乏良港，陸路除了經過峻嶺斷崖無法與外面聯絡，加上大部分原住民生產力低落等等。

矢內原嘲笑開發台灣東部「形同兒戲」，並且斷言：「除了繁榮的西部，就沒有台灣可言。」

但是，日本把這種學者的高論卓見丟在一旁，成功地開發了台灣東部。

台灣東部的花蓮港，是日本人在東台灣興建的新興都市，如今在台灣也是講日語比例最高的地方。

實際上，一九二〇年當時的花蓮港廳人口未滿五萬人，二年後則增加至八萬二千人。其中日本人和漢人合計一萬五千人，原住民阿美族有四萬人，其餘大多數是泰耶族和布農族。

日本政府的新領土台灣的移民政策，是投入吉野村、豐田村、林田村等台灣東部未開發地區，許可並獎勵移民。

和清國二百多年的台灣統治嚴格屬行封山海禁、禁止移民的「化外之地」相比，形成了強烈的對比。

明治維新以後，日本人進入向海外移民的飛躍時代，而且向夏威夷移民成功，接著目標指向台灣。

　　台灣被永久割讓給日本二年後，日本帝國議會江藤新作議員（江藤新平的次子），也提出移民一百萬人和原住民的同化案。兒玉源太郎對此提案，基於反亂未平、理蕃問題猶堆積如山為理由予以拒絕，但是民間的移民，在事業家的推動下，開發東台灣的意願正高燃著。

　　第五任總督佐久間時代，官營移民成為開拓東台灣的一環，官營移民最有名的是吉野村的開拓。一群農業的專業人才決心埋骨台灣，從九州、四國、中國（內陸日本）、群馬、福島等各地湧入，條件是必須品行端正，有妻子陪伴來台。

　　漢人的移往台灣是從荷蘭時代掠奪平埔族土地開始，鄭成功時代的軍隊掠奪與屠殺原住民及焚燒村落的暴行，至清國時代的封山海禁，漢人移民繼續侵奪原住民的土地並與之對立相比，日本的新移民並不像以往漢人掠奪、騙取土地那樣進入台灣。

　　日本對山地原住民的抵抗一面用武力征服，一面則以「理蕃」事業培養原住民成為近代國民國家的一員。日本人基於近代資本主義的原理用錢買地開拓。

　　日本領台時代，原住民和新住民都受到台灣總督府的保護，這是近代國家的法治社會和前近代社會不同的地方。

日本移民村夜不閉戶，成為世外桃源

　　東台灣第一個日本人村——吉野村，從一九一〇年開村，日本人在這塊荒野大地和大自然搏鬥，種植甘蔗。由於

環境太過惡劣，入墾二十五年後的一九三五年，人口減至一五二三人，死去一○○七人。

不耐艱難辛苦而離村返回日本內地的人也不少，在這樣悲慘的狀況下的救星是來自肥後的青木學。他在一九一三年帶著肥後米來到吉野村，把肥後米和在來米交配。經過不斷的錯誤試驗，他終於在一九二一年成功種植出與內地米相似的「青木米」。

他把「青木米」獻給天皇，命名為「吉野一號」，現在的台灣還有人食用這種米，它比磯永吉博士試種成功的「蓬萊米」還早三年問世。

吉野一號也是製作銘酒「萬壽」的原料，以及以車站便當的壽司米聞名，吉野村也就大量種植吉野一號而成功了。

除了米以外，吉野村的其他試驗也開花結果，當時的農場長猿城渡人又開發中間呈紫色的甘薯，一般稱為「芋心」甘薯，又以「花蓮港薯」之名賣出。又有「香蕉乾」，也由吉野村的田中卯一郎和奧木芳三郎二人開發成功。

由於吉野村日本人移民的開拓村得到成功，台灣總督府的移民村也告擴大。

一九三四年，滿洲關東軍參謀長小磯國昭上將來到吉野村訪問，準備滿洲移民計劃，小磯看到日本人村夜不閉戶，沒有一個人犯罪的桃花源。

那種全力開拓土地克服惡劣環境，以自己的雙手改善生活的日本農民的開拓精神，成為只會迷信天命、死守傳統的保守台灣農民邁向農村近代化的楷模。

　　但是，戰後國民黨軍進入台灣，桃花源也消失了，決心
埋骨台灣的日本人二世向陳儀行政長官陳情讓他們留在吉野
村，卻都沒有下文。

　　一九四六年二月，中國軍部突然下令日本農民全體離
開，日本農民犧牲三十年歲月而建立的日本人村，也隨日本
帝國的戰敗而被抹消，所有的遺產也被國民黨接收。吉野村
也改名為中國式的「吉安鄉」了。

二、愛護自然和鄉里的精神

挽救台灣自然免於濫伐的日本人

　　此外，日本人也教導台灣人注重養育自己的大地，愛護
樹木和森林的精神。

　　台灣的自然史有二五○萬年，是歷經四次的冰河期而形
成，三千公尺以上的高山有二百餘座，地形複雜而多樣，擁
有熱、溫、寒三帶的植物帶。

　　全島的大小與九州相似，有四千種的原生植物，多樣的
地形與自然生態，也孕育出多樣文化與各種語言的民族。

　　葡萄牙人在十五世紀通過台灣的近海時，眺望這個充滿
翠綠的島嶼，高山被森林覆蓋，宛如一顆璀璨的寶石浮在海

上，不禁驚呼「美麗之島」（ilha Formosa）！

　　但是，十七世紀初荷蘭人佔領台灣以來，西海岸的平原已經完全走樣了，荷蘭人為了補充勞動力的不足，從中國大陸招募大量季節性勞工，從此二百五十多年來，台灣西海岸的平原被漢人大肆入侵，破壞了生態環境。

　　漢人移民濫伐山麓的森林，荒廢的大地迅速延伸至原住民住地附近。西海岸的平原，每年遭受洪水及乾旱的侵襲，這和漢人的濫伐有不可分的關係。原住民集落和高山原始森林，由於清國時代的封山海禁，才得以保持原貌。

　　日本領台以前，開發新田地和森林砍伐，因為急需木炭做為燃料，所以木材的需要量提高，森林就從容易砍伐的平地消失，生態也起了變化。平地沒有森林，又不從原住民地區找到木材，台灣的農村及市街的建物，也大多使用竹子及土塊築成的「土塊厝」居多。

　　提供木材的是中國大陸輸入的「福州杉」，但仍不夠使用，要建造磚瓦大厝也因沒有木材就建不成。

　　台灣陷入這樣狀態的一百年前，熱愛自然的日本人進入島嶼，日本人從海岸到高山進行徹底的調查，發現許多連喜馬拉雅山系都沒有的高山植物。例如以「兒玉總督」命名的「尼泊爾籟簫」的名花、「台灣杉」等等。

　　日本人用科學的方法紀錄台灣的動植物、天然資源，並予以發表、應用、教育，使台灣人對自然及文化的象徵有了愛心。

　　當然，日本時代開始採伐台灣森林也不是胡說。例如阿

里山、八仙山、太平山等的森林採伐，爲台灣總督府提供了莫大的財政收入。但這絕對不是像漢人移民那樣的濫伐。

先由專家調查林野，確立所有權，決定保安林的有計劃採伐和造林以後，才開始進行採伐。不只如此，從小學生起就教育森林環境的保護，並把森林保護的優良入選文章結集出版，廣爲宣傳。

台灣的森林保護思想，是從明治時代開始從日本移植進來的。

日本領有台灣當年，頒布官有林野取締規則第一條，規定「所有不具備所有權證明及土地券的山林原野，均收歸國有」，才開始正式的原始山林保護。

首先是調查。繼土地調查之後進行林野調查，林野調查是台灣有史以來第一次的大事業，在此以前，林野一向是原住民居住的原始地域。

台灣夏季雨水集中，颱風與洪水危害甚多，一遇雨季則平原被河川氾濫，村落猶如遭砲火攻擊一樣，陸路又不發達，一淹大水，對外交通就斷絕幾個星期，成爲陸上的孤島。

土匪更利用洪水過後，放火焚燒市鎮。甚至都市的萬華，也有他們出沒的足跡。

上述的情況，直到日本時代開始治山治水，才使得平原從河川氾濫之下被解放出來。

台灣總督府從一九〇六年起，爲了確保保安林而獎勵造林事業，每年無償分配一百餘萬株的苗木，交付保證金就可

以造林。

並進行保護林的調查，繼續種植流砂防止林、水源涵養林、風致林、防風林、潮害防備林、墜石防止林、水害防備林等工作，這些造林目標的面積達十三萬餘甲。

日本時代經過細密的計劃，而把台灣的國土保護做為綜合改造計劃的一環，保護在清國時代被濫伐荒廢的台灣山河，並推進治山治水的工作。台灣總督府的造林事業，不只是保安林的造林，更在一九○○年開始樟樹造林。

接著，又有熱帶樹造林、特殊樹造林，又在放領後的土地造林，整備阿里山及阿里山鐵路沿線，在太平山與八仙山的伐林現場造林，進行國土保全事業。

一九四三年，完成了五○七處造林，造林面積約三十七萬六一七八甲。此外，根據土地所有的調查結果，官有林地有九十一萬六七七五甲，民有林地有六九六一甲，合計九十二萬三七三六甲。除了相關者的保管林限制使用之外，大部分的林野均為官有。

林野事業就在日本的努力下確立起來，原始的大自然變成有益的山林。

中國人把破壞自然歸罪於日本人

日本人是熱愛自然的民族，進入台灣就從台灣的自然開始拚命調查，比台灣人更加理解台灣的土地和自然。日本人也因而容易受山川草木之美所感動。實際上，在一九二○年

末，日本政府就開始全力創設國家公園和保護自然的精髓。

例如一九二七年的《台灣日日新聞》，舉辦了募集台灣的史蹟名勝、天然紀念物的景觀及靈域與特別保護場所等指定投票的活動，就收到空前驚人的回應。當時台灣的人口只有四百萬人左右，總投票數卻有三億九千五百萬張，因此在同年的八月二十七日指定了二個特別區、八景十二勝，成為台灣文化的象徵與保護對象。

二個特別區是台灣神社和新高山，這是台灣的聖地和聖域，成為台灣住民對土地的熱愛與文化誇耀的所在。

一九二〇年代早期，就指定了芝山巖的老樹、善化的芒果街道樹、原始林、濕原、洞窟、芭蕉的群生地、苔、瀕臨滅絕的稀有動植物、溫泉等為特別天然紀念物，可見當時台灣的自然研究，連一草一木都是自然保護的對象。

戰後，中國人又大批湧入台灣，這個政治民族把台灣的多樣化強制統一，台灣文化的多樣性消失了。此外，山河的濫墾濫伐，更使土地哀泣。

日本人是植樹的民族，支那人則是伐樹的民族。支那人一到台灣，山光秃秃，森林消失，洪水及乾旱再度擴大產生，這就是中國文化，中華五千年的歷史充分暴露無遺。

山河殘破的國度——台灣，戰後又繼續被支那人入侵，當然連日本時代種植的街路樹和森林也都消失了。

支那人開口閉口就責罵日本人掠奪台灣的森林資源，這根本是胡說八道，實際上，日本領台時代，台灣的林業尚未達到自給自足的地步，有關阿里山的林業經營，扣除採伐、

造林、運輸及其他費用，只有一成的收益而已，更別提日本人又對台灣山林投下了莫大的造林投資。

中國國民黨的教育，宣稱台灣的森林資源已被日本五十年統治砍伐殆盡，尤其舉出明治神宮的廟門（鳥居）是台灣檜木所製成。如此一來，影響台灣的環保團體，計劃向日本抗議。

台灣的檜木一向以長大材輸出，受到舉世的歡迎。但是，日本領台五十年間不准砍伐，而由日本輸入台灣大量的杉材、松材、切組板、杉板、枕木等等。

日本，以愛情埋頭治山治水，這是日本人對山水由神話時代開始的愛情傳統文化。

漢人是現實的民族，對動植物不管有用與否能吃與否，一概不加關心，日本時代傾力研究的動植物學家，或以自然科學為基礎的研究，都不關心現實的利益。

日本人把愛護自然的心灌注到台灣人的心底，是不容置疑的，以往抱持過客心態、移動性高的台灣人，如今已是愛護鄉里並且成為定居下來的民族，這更是拜日本五十年的教育所賜。

三、教導勇氣和愛國精神的 日本警察

中國人把土匪當作英雄來崇拜

　　戰後的學者老是把日本的軍隊、憲兵、警察極力描述爲窮凶極惡的角色，但是我從歷史的觀點看，他們爲近代社會所付出的貢獻對他們是有很高的評價的。

　　在馬關條約締結之時，李鴻章已經警告伊藤博文說，台灣的土匪是四害之一。

　　根據伊能嘉矩的《台灣文化志》所載：

　　　「台灣自古爲難治之地，清領的二百餘年間，大半是在對抗匪徒的反亂。」

　　其他的人也描述：

　　　「台灣──其民五方雜處，俘掠之遺黎往往成爲叛王之奸宄。」

　　現在的台灣人有不少是海盜及盲流的後代，澳洲也是犯人的天堂。把台灣視爲盜匪的巢窟，絕非正確的看法，但另一方面又是事實。

　　台灣有史以來的匪亂，眞的是土匪所掀起的動亂嗎？這種定義相當困難。清國時代有朱一貴起義，自稱中興王或義王，定年號「永和」；而在日本領台的西來庵事件中，余

清芳則企圖建立大明慈悲國,但這並不能把他們一律當作土匪。沈葆楨和劉銘傳曾一再征伐土匪,也落得無功而返。

但是戰後的「反日抗日」的學者們,卻將日本領台時代的土匪當作「反日抗日」的英雄。所有的土匪都具有愛國心,為保衛祖國不惜犧牲一己的性命,將他們美化成勇敢的戰士。

後藤新平指出,台灣的土匪並非「干犯國事犯的土匪」,更和「民族的」、「愛國的」無關係,他們只不過是打家劫舍的土匪。「反日抗日」的民族英雄是誰?我只知道絕不是指這些土匪,在此有必要研究歷史。

清國時代把所有反對者一律稱作「土匪」,清國時代的台灣,只要踏出村落一步就是土匪活動出沒的地帶。土匪向地方住民索取「土匪仔稅」,很多村落根本就是土匪的巢窟。

土匪不但出沒在山林溪谷,更控制了部落,實在很難剿滅。「土匪島」台灣,視「小反大亂」為家常便飯,兵力不足平定,清政府剿匪而招募義民,即鄉勇的民兵制度。

但是,匪亂依然不絕,因為「良民為保身家而勾結土匪」,即所謂「民匪通患」。「賊勝則皆為賊黨,官勝則皆為好人,易聚易散」。台灣的良民及土匪互相勾結成為特色。

事實上,政府的官吏、士兵比土匪更加暴虐地掠奪民眾,匪亂也和民變一樣難以平定。

但是日本領台時代,兒玉源太郎總督在一八九八年六月

召集地方長官訓話時指出：「所謂土匪必須有所區別，應該分別處罰，不得全部視為土匪。」

守護台灣近代化的日本警察機構

為什麼一向是荒蕪之島、化外之地、匪徒動亂巢窟的台灣，能在日本統治半世紀內，一躍而成為近代化的島嶼呢？理由並不簡單，我從社會結構急速的變化中，提出「土匪史觀」來看近現代史。

社會不安定，經濟不安定，則近代化絕不可能實現。土匪社會的存在，有其政治結構、制度、文化傳統可循，但是中國政府又往往比土匪更加惡劣，公然搶劫民眾，其造成的災禍比土匪更大。

土匪社會是勝者為王，樹立近代警察制度使警力比土匪武裝勢力更強大，才能建立安定的社會，發展經濟而奠立近代化的基礎。

日本統治以前的台灣，原住民和移民都各自形成自己的社會，人和物都不交流，路和路也不相通。取代台灣的兵、匪，而成為近代化先鋒的是日本的國民軍、憲兵和警察。平定土匪，警力壓過土匪勢力，建立安定的社會，警察成為法治社會的捍衛者。如此，二十世紀的國家理想，即夜警國家才得以形成。

台灣的警察制度，是在日本討伐軍平定台灣的反抗勢力之時所建立起來的。正確地說，平地是在一九○三年確立

的，山地則是一九一九年才正式確立警察制度。

　　初期的台灣警察權委諸於軍隊和憲兵，至一八九八年兒玉源太郎總督時代，才設立警察機構並行使警察權，一九〇一年十一月又設立警視總長（後來的警務局長）。

　　台灣的行政區域劃分為二十個，各廳設立警務課，廳以下設支廳由警部和支廳長掌理。一九二〇年，田健治郎文官總督時才廢止「支廳長」改設「郡守」，將行政權和警察權分離，警察權置於郡守之下。

　　警察列入行政之一，台灣的警察不只取締犯罪，還包含推動行政的任務。例如衛生清潔運動的檢查、道路建設或修補、耕地或防風林的種植、農作物耕作計劃的推動、催繳納稅、經濟政策的執行、流浪漢的收容及職業訓練等等，涵蓋所有人的生活方面。

　　做為確立法治社會的警察，初期的任務宛如家長似的一身挑起，從法令的下達、日常生活、道路的警衛、村落的交通、水利、土木到企業生產等等數百種的任務，都是警察的工作，那種宛如達・芬奇那樣的萬能人物，於今簡直是無法想像的。

　　日本領有台灣當時，有憲兵三千四百人，警察三千一百人。隨著人口的增加，憲兵、警察也增加到一萬人左右。只用這樣少的人就維護了台灣的治安，他們承擔了台灣近代化最大的守護角色。

　　後藤新平的三大調查，即戶口調查、土地調查與風俗舊慣調查的完成，使台灣成為新的社會環境。戶口調查不只確

立人口數，更奠定戶籍制度，完成近代國家的權力與義務區分。

土地調查則不只確認地形、地貌、面積，也確立土地所有權。土地所有權的確立及土地的私有，才能使土地自由買賣，導入近代的土地投資和產業投資。平定土匪，確立警察權以後，才開始進行近代科學的土地調查。

舊慣調查不只認識了台灣的傳統文化及風俗，施行近代的民法、刑法、商法，也是確立法治社會絕對不可欠缺的國力調查。

在三大調查以後，才能開始近代的人流、物流、電氣、自來水、水庫等富庶的建設，確立及施行金融、財政、教育等各種社會制度，奠定台灣近代化的基礎。

在台灣的日本警察，對地籍、戶籍調查付出莫大的貢獻。土地調查從一八九八年開始，於一九○四年完成；戶口調查從一九○三年九月著手，二年後的十月全島調查完畢。

人口調查，比日本國內更早計劃完備和實現，而且台灣比日本先完成，這也是警察的一大貢獻。

日本是亞洲各國中唯一能累積資源的國家，更擁有開發技術。平定數百年來的土匪，警察成為社會安定的守護人，以往糧食不足的台灣，如今更一躍立足於砂糖生產與樟腦生產的世界首位，這也是確立了夜警國家的功勞。

日本領台時代的警察被人民當作神明般膜拜是有其理由的，亞洲近代化論當中一向欠缺的，就是從土匪史觀來看亞洲社會的停滯。黑格爾（Hegel, 1770～1831）、馬克思（Marx, 1818～

1883）和恩格斯（Engels, 1820～1895），都沒有從這個觀點來論述亞洲社會的停滯論。

被台灣人當神明崇拜的日本警察──武富榮藏、廣枝音右衛門、森川清治郎

日本領台初期警察比一般人更加忙碌，山地駐在所的警官和巡查任務更多，他們不但要維持治安，也必須承擔原住民的教化和醫療工作，所以他們必須學習當地的語言。

也因此警察的考試十分嚴格，一向以招考單身的優秀者為重點，當上警察，就必須把青春耗在台灣的邊境深山，全身心的投入勤務工作。

明治大正初期的台灣，仍然是生蕃出草的荒野，勤務在山地的警察每日面臨死亡的威脅，實際上，被砍頭的警察很多，山地駐在所的警察經常遭到原住民的襲擊。

將原住民「文明開化」是他們所肩負的時代任務，一些歷史學者老是說殖民地統治者與警察「殺人、放火、暴行、掠奪、榨取」的謊言，根本沒有這回事。

他們必須生活在沒有電氣、自來水的環境，還得遭受瘧疾等風土病的襲擊。衛生環境惡劣加上食糧不足，更需有被蚊子叮咬非死不可的覺悟，沒有打不死的健康體魄，將無法在這樣的環境中生存下來。

在如此非人的、嚴酷的環境下，燃燒著「文明開化」的夢想，進行維持治安、指導生活、驅除害蟲、改善生產及衛

生環境、教育子弟等重大負擔與任務的日本警察，經常被原住民當作神明崇拜，他們成爲了山地的守護神，由頭目帶頭祭拜。

在山口政治（一九二四年生於花蓮港的吉野村）的《東台灣開發史》中，就介紹了「成爲托波克蕃社神明的武富榮藏警察」。武富生於佐賀縣大和町，一九一四年單身到太魯閣山地的托波克蕃社上任。

武富捐出自己的月俸，救助山地飢荒和收養孤兒，深受托波克蕃社原住民的敬愛和崇拜。他對原住民的接濟是外國人未曾有的，原住民把武富巡查的照片掛入神壇，每日朝夕祭拜。

並非所有的日本警察都像武富一樣，但也有很多日本警察在山地和原住民朝夕生活在一起，守護村落，全力開拓、開化山地。

大東亞戰爭時，高砂義勇隊受駐在警察的感召而從軍，許多人死在東南亞戰場，他們和日本警察的奉獻一樣，抱持著武士道精神而互相理解。

日本警察在朝鮮留下惡劣的印象，但在台灣則完全不同，至今高砂族人人仍舊把警察當作守護神般的仰慕和親近。

不只在山地，連在平地也有日本警察被當成守護神來仰慕的，這是最近的日本人都熟知的。

其中之一是——廣枝音右衛門警部。廣枝是一九〇五年生於神奈川縣小田原，他讀過日大預科，一九二八年以候補

幹部生進入佐倉步兵第五連隊，退伍後任小學教員，不久來台灣當巡查，再昇任警部。

一九四三年他被任命爲海軍巡查隊隊長，率領二千名台灣人志願兵和軍屬到馬尼拉，負責巡查隊的訓練與維持治安的任務。一九四五年二月，謠傳出美軍登陸的情報，上級下達巡查隊分配手榴彈全體戰死的命令。

廣枝經過深思苦慮之後，爲保全台灣士兵的性命，召集二千名隊員訓話指出：

> 「這是諸君爲國而戰的時刻。但是，不能被此地軍部命令當成狗一樣的送死，祖國台灣還有你們的家人期待大家平安回家，所有責任由我這個日本人承擔。全體向美軍投降去做戰俘吧！」

所有台灣兵一聽這些話都放聲大哭，廣枝在一九四五年二月二十三日舉槍自盡，年才四十歲，托他的福，戰後台灣人部下全都平安回國。

一九八三年，劉維添小隊長重訪廣枝隊長自盡之地，抓了一把泥土，送到住在茨城縣的廣枝夫人手上。他的夫人如今也已往生，她和廣枝隊長的牌位一起被他的部下——新竹警友會的人，供奉在苗栗縣獅頭山的勸化堂。

在台灣平地另一位被當作神明祭拜的警察，是穿著合身的警服和警帽，腰繫皮帶而留著鬍鬚的森川清治郎巡查，如今，他的雕像被供奉在嘉義縣東石鄉副瀨村的富安宮。

　　森川巡查是一八六一年生於橫濱，日本領有台灣三年時的一八九七年來台，他帶著家人一起到台南州的小村上任。除了維持治安的工作以外，他也全力以赴做好其他服務。

　　他熱心工作更熱心教育，當時小學校還未普遍，他借派出所旁邊的小屋子教小孩子讀書、對農民指導農業、爲病人調藥，細心照顧村民的全部生活，他就像日本鄉下的老爺爺般地親切。

　　森川深知漁業和農業兼顧的貧困小村的實情，幾次爲村民向總督府提出減免稅的請願，但是上司認爲被當地村民所敬仰的森川是煽動村民反動的份子，下令懲戒他。

　　森川爲表示抗議，在村裡的慶福堂用村田鎗自殺，享年四十二歲，那是他來台的第五年，之後，村民盛讚森川巡查的義行，就把他生前的模樣雕刻成神像，奉他爲「義愛公」來加以祭祀。

　　戰後，台灣人看到從中國大陸來的警察，完全被他們和日本警察不同的作風所震撼。中國警察有買東西不付錢、予取予求的惡習，辦什麼事情都要先收紅包再說。

　　我到日本留學以前，沒有管區警察蓋章就拿不到出國許可，我只好送警察一盒餅乾和一隻鴨子換取蓋章，日本人和中國人的差別就在這裏。

　　支那人視爲「犧牲精神」的美談和捏造的故事，就是「吳鳳的故事」。引用小學校的教科書內容，來作一簡單介紹：

清國時代「生蕃」的通事（理蕃的地方官吏）吳鳳，他是受原住民親近、仰慕的人，他為了要改除生蕃「出草」的惡習而絞盡腦汁。

有一天，吳鳳和生蕃約定這是最後一次的「出草」，生蕃歡喜地出草，不料他們割下的頭，竟然是他們所敬愛的吳鳳本人。蕃社人人放聲大哭，悲痛的反省，發誓以後絕不再出草了。

原住民的出草惡習從此消失，成為美談。但實際上，清國的通事，大多數是對山地極盡壓迫、榨取、掠奪、詐欺的惡官，完全是原住民最痛恨的對象。

吳鳳也一樣被痛恨。對如此被捏造的歷史，在一九八九年元旦李登輝就任總統以後，台灣開始民主化，吳鳳神話的捏造也終於曝光了。結果嘉義市的吳鳳銅像被推倒，紀念館也被放火焚燒。

這個騷動使得吳鳳鄉的地名變更為阿里山鄉，教科書上的吳鳳故事也被刪除。

中國學者為推卸歷史捏造的責任，痛斥這完全是日本的殖民地統治美化了這個虛構的人物。但是支那人才是捏造美化的專家，國民黨政權數十年來在教科書上面表現得淋漓盡致。現在的台灣，還有不少這種以自我為中心而顛倒黑白之輩。

四、教導冒險精神的日本人

令人敬佩的深堀安一郎上尉的冒險精神

在台灣，對日本人冒險犯難的精神有著很高的評價。陸軍步兵上尉深堀安一郎等十四名鐵路調查隊員的失蹤事件，更是一段很有名的插曲。

這個鐵路調查隊，是調查東台灣和中央山脈的橫貫鐵路建設的組織。

台灣縱貫鐵路的調查和測量，小山保政技師的功勞，第三章曾談及。在這個調查後，陸軍工兵上校山根武亮以臨時台灣鐵路隊長的身分，派出五個探險隊深入前人未到的山地進行探險，這五個探險隊，依次所編成的和預定路線為：

一、南部線——山根隊長一行，恒春～鳳山～卑南（台東）路線。

二、東枝庄一行，林杞埔路線。

三、陸軍步兵上尉深堀安一郎一行，埔里～花蓮港路線。

四、陸軍步兵上尉鯉登行文一行，新店～蘇澳～花

蓮港路線。

五、宜蘭～蘇澳～花蓮港路線。

但是，探險沒有完整的結果，第一、第二隊調查成功，第三隊失蹤行方成謎，第四、第五隊遭太魯閣蕃的攻擊而受挫。

深堀安一郎步兵上尉一行的台灣中部山岳探險隊，從一八九六年的十一月二十八日出發，翌年一月十五日抵達埔里社。同月十八日，從埔里社出發，有二十八日到達托洛茨克社的報告。

這以後，一八九七年一月末，深堀安一郎上尉所率領的深入中央山脈探險的一行十四人就再也沒有消息了，其中包括林學士原音古等人，有人謠傳他們已經被原住民砍頭了。

同年五月，才有為實地調查先前行方不明的探險隊而出發的秋原和柿內兩少尉，被證明已經被原住民「出草」。此後十年內這個地域被列為危險地帶，當局指定為禁止通行地區。

失蹤的深堀一行，經過同行的通譯近藤勝三郎這位蕃社交易商的口中才完全明朗化。

近藤是德島縣人，一八九六年來台至一九一八年為止的二十多年，住在原住民的埔里社，他迎娶巴蘭社頭目奇茨達的長女為妻，是日本人「蕃化」的代表人物，他精通各蕃社的事情。

近藤在探險途中病倒，在其他人失蹤前離隊尋求援助。

　　一八九六年十二月，近藤和深堀上尉的探險隊會面，以原住民通譯身分加入探險隊。深堀上尉向全體隊員說明橫斷中央山脈的危險性，全員一致抱持成為護國之神而決意犧牲的精神，為完成任務而不惜賭命，所有隊員都感動得淚流滿面，一行人發誓不達目的絕不回埔里。

　　聽完訓示後，一行人在十二月二十四日在巴蘭社過一晚，翌日，近藤罹患瘧疾，通譯工作趕快找原住民李阿龍夫婦代替，行程中，李姓夫婦又以不敢深入蕃社而逃走。

　　近藤說，深堀上尉一行十四人在中途被大雪一個個凍死。他們的屍體，有八個頭顱被托洛茨克社蕃，四個頭顱被白狗社蕃取走。深堀上尉深深自責而切腹自殺，他的屍體在瀑布下被托洛茨克社蕃發現，沒把他砍頭，而當作守護神來祭祀。

　　深堀上尉是台灣山岳探險家的先驅者，他的勇氣及冒險精神值得學習。

為國盡忠的精神和骨氣

　　山根隊長率領臨時鐵路隊活躍的當時，鐵路建設也發生了一件大事。基隆到台北之間全長約六公里的竹仔寮隧道，是北台灣最長的隧道工程。

　　由於工程進行非常困難，在鐵路隊的監督之下，東邊由大倉組，西邊由有馬組分別開鑿工作。大倉組代表久米民之助和有馬組代表澤井市造，互競早日完工。雙方突起衝突，

一發不可收拾，當局下令有馬組停工一〇七日，力圖使雙方工程均衡下來。

雙方經過討價還價之後，隧道工程終於順利貫通。可是，隧道工事完成之後，大倉組卻被發現超過中心線，踏入有馬組的範圍有五十二尺之長。

澤井市造大為憤慨，立即把全體部下撤離現場。隧道舉行開通典禮三天前的一八九七年三月二十五日，山根隊長把澤井召回現場勸說，澤井頑固地不願意接受，他堅持不受大倉組的氣。

山根隊長也動怒，痛斥說：「如果不聽命令就是國賊，要有覺悟！」並拔出佩刀。澤井市造不為所動，說：「隊長，請等一下，市造並非怕死之輩。」他突然脫掉上衣並往身上澆水，安坐桌上。說：「身體已洗淨，請揮刀吧！」雙手彎起來靜坐。

山根隊長眼見他不怕威脅，再說：「我並不怨恨你，而是為了國家的事業而盡力，現在，殺了你也對工程的進行無益，我被你的骨氣折服了，你也應當理解我的立場，最好忍耐下去為國而盡力吧！」

澤井市造也被隊長這一番話所感動，說：「謝謝！我雖然是一介工人，也不是不知為國盡力的傻瓜。聽隊長的一席話，我當粉身碎骨為國盡力，請放心！」

他開始全力日夜拚命貫通工事，終於在預定舉行開通典禮的當天完工，典禮完成後，隧道的入口刻上「雙龍」兩字。山根隊長為國盡力的信念和決心，傳為美談，而後由總

督出席主持貫通儀式，並且步行通過隧道內部。

　　一介工人爲國而不惜生命的明治人的精神和骨氣，至今仍受台灣人的敬慕。

五、教導慈愛精神的日本人

以博愛代替仇恨的山地傳道醫井上伊之助

　　井上伊之助在一八八二年生於高知縣幡多，他的父親彌之助，於一九〇六年在台灣花蓮附近的烏理蕃地爲原住民所殺害。

　　伊之助在一九〇三年受洗，一九〇六年入聖經學校就讀。一九〇八年和小野千代結婚，三年後爲傳道而渡海來台。

　　身爲基督教徒的伊之助，並未用「以眼還眼」的理論來爲父親報仇，反而決心以「愛」來感化「生蕃」。

　　一九一一年十二月，伊之助接受新竹廳「蕃地事務囑託——樹杞林支廳加來拜蕃人療養所任務」，一個人進入原住民地區，翌年，他把妻子叫入蕃地。當時的蕃社全無公醫，井上成爲該地區唯一的醫師。

他並非正式的醫學校出身，不過在伊豆仁田的「寶血堂醫院」學習過醫術一年。之後，由於實際經驗豐富，他的醫療技術漸漸高明起來。

井上伊之助

在井上伊之助留下的《台灣山地傳道記》，即後來改名爲《台灣山地醫療傳道記》的著作裡，敘述了他在原住民的小茅屋中，持續三十年山地行醫傳道的寶貴紀錄。

有關行醫傳道的紀錄，馬偕的傳道記也很有名，他也不是醫師，只是傳教士。井上的紀錄，在一九九七年的台灣譯成漢文，以《上帝在編織》爲名出版（台南人光出版）。

井上隻身進入蕃地之際，山地原住民，仍是認爲一旦生病就是災厄，迷信是神靈作祟或神明的懲罰。說當時的他們要求治病，不如說是要求驅邪避魔的一種宗教療法，擔當治療的人不是醫師而是女巫。

原住民和漢人接觸以後，才逐漸改變治療方法，但也只是使用數種的草根及樹皮，就是現在說的漢方治療法。他們開始接受總督府的醫療，是一九一四年以後的事了。

一九一四年以後，各蕃社開始設立療養所，總督府爲了進一步治療他們，在蕃社警察駐在的派出所設立醫療機關。日本人嘗試使原住民擺脫迷信，養成衛生習慣。

但是，凶猛的原住民集落對近代化極端反抗及不信賴，他們和日本人的衝突迭起。上述完全平定山地的反抗，是在第五任總督佐久間左馬太的時代了。

井上進入的蕃地十分險惡，他到達療養所的前二天，才又發生日本人被原住民殺害的事件，井上由迎接他的派出所工友陪伴步行過六里的山路，終於來到既無醫師也無護士的療養所。

井上準備入山傳道，就耳聞許多被原住民殺害的事情，傳言誰又被殺了，他回憶說：「在蕃害流行時，我抱定必死的決心。」

原住民的天敵是支那人。首任總督樺山，一再告誡部屬，他們把日本人視同支那人，不可使原住民留下惡劣的印象，他更警告說，若與他們為敵，則今後台灣的開拓大業將成為不可能。

井上在原住民集落傳教行醫，從一九一三年一月起才獲得他們的信賴，可以借宿在他們的家裡。他和當時的日本人不一樣，井上每到夜宿就集合附近的男女老幼，到深夜都聽他傳道。

井上一個人在深山巡迴傳道，一面為原住民進行醫療活動，直到一九三〇年，他才獲得台灣總督的正式醫師執照。

一九四七年，井上回到日本。翌年，在靜岡縣清水的東海大學擔任講師（六十七歲），一九五四年退休，一九六六年在神戶走完人生的旅途，享年八十四歲。

熱心推廣盲人教育的木村謹吾

三代人在台灣推動盲人教育的是木村謹吾醫師一家，是台灣人熟知的人物之一。

木村是基督徒，一八九五年九月和二十名軍醫來台。他從踏上台灣土地起的五十年來，先當軍醫撲滅台灣的傳染病，後以開業醫師身分推動盲人教育。

木村謹吾

他對盲人教育給予關心，是隨乃木師團進入台南城以後，參觀甘爲霖的「訓瞽堂」盲人教育以後的事。木村看到盲人在戰火中還努力學習點字，大爲感動。福澤諭吉也在隆隆炮聲中，繼續教育弟子，並自認這是「神的啓示」。

甘爲霖是英國傳教士，於一八七〇年來台，相信盲人教育是最後的神職。日軍出兵台灣之時，爲解救中國軍搶掠台南市民而請求乃木師團進入台南城。後來的評價，日本政府頒賜勳六等。

甘爲霖

　　木村的父親是盲人，是他關心盲人教育的原因之一。他把在台南所見的實況告訴父親，父親就說：「你一旦當兵離家，就必須抱定為國捐軀的覺悟。」

　　父親又鼓勵他說：「重要的日本盲人教育，必須依賴外國人，但是，你人在台灣，就要代替我終身奉獻盲人教育。」

　　日本領台以前，台灣是政府與土匪雙重壓榨的時代，是強者為王的社會。盲人和智障者淪為被社會排斥、愚弄的對象。一首俚諺道盡了盲人的悲情：

　　　　龍眼好吃核黑黑，
　　　　睛眠停拐要問路。
　　　　想起前世看查某，
　　　　今世無目可看路。

　　木村謹遵父親的遺訓，決定終身奉獻台灣的盲人教育，他向兒玉總督建議開辦盲人教育。大正時代初期，木村在台灣呼籲設立盲啞學校，繼續向有識者訴求其必要性。

　　但是，時機尚未成熟，贊同木村的人並不多。

　　一九一七年六月，當局終於許可木村在台北開設私立木村盲啞教育所。

　　木村右手拿聽診器，左手執教鞭，開始天天苦鬥不休。盲啞學校經營的贊助者很少，因為資金不足而苦惱，日子非常辛苦。

　　經過十年後，才受到社會的一點點理解，木村把教育所移交給台北蓬萊街州立台北盲啞學校，木村的長子木村高明繼任為盲啞學校校長。

　　木村醫師在台灣五十年，努力以醫師身分推動盲啞教育，昭和天皇在當太子時的一九二三年來台灣訪問，木村也以教育者身分拜見皇太子，並獲頒教育功勞者的銀杯。

　　在日本紀元二千六百年紀念會上，帝國教育會肯定他一家三代的教育功勞，受到表揚，而為台灣的醫療、教育、文化而獻身的日本人，大多數是基督教徒。

一生和原住民互相理解而獻身的森丑之助

森丑之助

　　森丑之助是台灣第一的「生蕃通」，是為研究原住民冒著被砍頭的危險而深入山地研究的人物。他的冒險行動比小說更加離奇，甚至他自己回想起來時，都會不寒而慄。

　　他深入危險的山地卻不帶任何武器。因為攜帶武器反而會引起山地原住民的敵意。他認為：「猴子攜帶步槍用以對抗人類，是沒有任何作用的。」

　　森丑之助號丙牛，他的藏書蓋有「丙牛藏書」的印章，他愛用「丙牛」為筆名寫作。他是在一八七八年生於京都五

森丙牛圖書章

條室町，自幼體弱多病但立志流浪天涯。

　　他從長崎商業學校休學以後，就在日本各地流浪。一八九五年五月，隨日軍來台任通譯時才十八歲，以後，獲當局許可研究「生蕃」，開始三十年的台灣原住民研究。

　　森走過台灣全島的山岳和溪谷，他的足跡遍及全島。一九○○年一～九月，他擔任鳥居龍藏的嚮導兼土語及原住民的通譯，進而調查、研究人類學。一九○五年，他以台灣總督府殖產局囑託身分，一面調查植物和採集植物標本的任務，一面也繼續調查原住民。

　　一九○九年，臨時舊慣調查會增設「蕃族科」，森被聘為調查會囑託，繼續到各地「蕃地調查」和研究，這段時間，他只在一九一三年回日本一年而已。

　　他的熱心研究贏得「蕃界調查的第一人」美譽，他在調查、攝影、民俗誌標本、史料蒐集各方面的成果，涉及人類學、植物學、地理學等等，以森冠名的台灣高山植物有二十多種之多。

　　他留下很多著作，包括《台灣蕃族志》、《台灣蕃族譜》、《台灣蕃人寫真帖》、《台灣山岳景觀解說》、《阿美族蕃語集》等。上述著作的第一本與第二本一出版，公開了從來不被認知的內容，震撼了學術界，也改變了對台灣原住民文化的理解。

　　森在研究的過程中，結交了許多原住民朋友，他入鄉隨

俗，與原住民共同生活，尊重原住民文化。只有一次，他在研究訪問曹族的集會所，偷了神壇上的髑髏。後來，他內心十分懊惱及慚愧，在十一年後發表〈偷盜髑髏懺悔錄〉，表示他的悔意。

一九一五年五月十七日布農族反亂的「大分事件」，這個事件引起總督府注意「理蕃事業」的問題所在。森也趁機向當局提出「蕃人樂園」的構想，主張不用征伐而以自治區政策來和原住民和解。他認為要和自然共生，保護台灣的自然生態和原住民文化，才是「理蕃」的最上策。

森為了實現「蕃人樂園」的構想，深入布農族的施武郡各部落，勸服各部落頭目支持他的計劃，但是，結果總督府沒有通過這個計劃，構想無法實現。

悲慘的命運接著向森襲來，一九二三年的關東大地震，森在東京的家被震毀，珍貴的史料及草稿被焚毀。

森為了繼續原住民研究而向各界募款，大阪的每日新聞社提供他每年三千圓連續三年的資助。

森不放棄建設「蕃人樂園」的理想，一直奔波交涉。但是事與願違，他反而遭到世人的責難。因此，每日新聞社也在一年後停止資助。

森一再受挫，研究也不順利，健康更日漸敗壞。最後，森在失意中，於一九二六年七月三日搭乘日台間定期航船，在船上投海自殺，享年四十九歲。

森的夢想終於沒有結果，但是他對台灣的愛，至今仍受台灣人敬愛。

六、護國精神與忠誠心

愛護台灣人的乃木母子

很多日本人把死者當作神佛來祭拜，人死了就不再分敵我，佛教更使日本人深信人死後皆成佛，山川草木亦皆成佛。靖國神社連敵軍的神主牌也一起祭祀，這充分反映了日本人的寬容精神。

中國人則完全不同，只要一次為敵，終生就被怨恨至死，永遠成為世仇。中國人宣稱「生恨不得啃敵肉，敵人死後還要吞噬他的靈魂」，反映了絕不寬容的精神。

前章所介紹的「六氏先生」，是台灣開化教育的根源，來台半年就殉職。伊澤修二在六氏先生祭的〈芝山巖祭歌〉歌詞中，謳歌他們「死後守護斯土，魂魄永遠在此徘徊」，把他們當作台灣教育的守護神而葬在此地。

做為護國之鬼而長埋斯土，是日本人的生死觀，相對於中國人，他們的「落葉歸根」風俗，亡骸要送回故鄉安葬。

日本人的生死觀和護國精神的象徵，就在乃木希典的母親身上展現出來。

第三任總督乃木希典討厭鋪張浪費，是毫不忌諱地批判

當時台灣總督府官僚們鋪張浪費的潔癖人物。「沒有永遠住下來的意志，就沒有支配新領土的能力，台灣的浪費都出於此輩。」是他對總督府官僚生活的激烈批判。

乃木把母親迎接來台灣，向世人展現他的決心，但是母親卻死於台灣的風土病。乃木總督是在一八九六年十月接任，十一月十七日來台上任，當時的台灣流行霍亂，但是，他還是把母親和妻子在十一月十七日接來台灣，做為對周圍其他人的示範作用。

日本領台初期，台灣被日本人當作鬼島，謠傳二人來台有一人會感染瘧疾，二人將會死亡一人。乃木在領台戰爭當時，有出征台灣南部的經驗，很清楚台灣的現狀。

謠言並非完全胡說八道，土匪及反日游擊隊正四處出沒，乃木出任第三任台灣總督時，就抱持著堅定決心和覺悟，他忠告總督府的官僚們：「必須抱定埋骨台灣的覺悟。」

乃木總督赴台上任前，接到明治天皇直接下達的詔書，這在台灣總督是史無前例的。他帶著母親和妻子同行，也是破天荒的舉動。乃木不只下定決心，而且感激明治天皇的期待。

說不定天皇對乃木的攜母及妻同行，內心也很感激。皇后特別邀請乃木的母親壽子入宮，褒獎她「年事已高猶越過幾百里波濤遠赴台灣，值得嘉許」。明治天皇也期待乃木的純樸和忠心，特別召見他。

但是，乃木的母親壽子（當時六十九歲），到台北二個月就

患了瘧疾，不久即去世。她的遺骨葬在台北三板橋的日本人公墓裡，化爲台灣的泥土。

乃木的決心和經營台灣的熱情，頗受民眾的激賞，但是卻被政敵當笑柄嘲諷，他的妻子靜子也感染瘧疾，正回東京入院。乃木本人也比妻子早二年罹患瘧疾，正因發病而被搞得苦惱異常。

乃木有潔癖，聽到他被任命爲總督，台灣總督府的官僚引發大騷動。實際上，乃木並沒有住進桂太郎前總督營建的豪華新官邸，仍舊住入舊官邸並每日帶著便當上班。

乃木一直節約預算和積極起用台灣人，常對部屬說官員的薪水太多，太過浪費。

他慨嘆到台灣來的日本人，滿腦子想撈錢，也不肯長居此地。來台灣只不過坐一下椅子就走，全無親切的愛心可言，沒有愛心又如何讓民眾心服呢？

他還以「腐敗的大和魂挑起台灣人的利欲心」爲由堅持刪除交際費，嚴禁浪費公帑。如此軍人特有的素質，惹來官僚的反感可想而知，官僚們用盡辦法向中央政界活動，要把他送回日本。

民政局長曾根靜夫終於和乃木引發衝突，曾根對乃木不服氣，老是勸他說：「我理解閣下的用意，但這將影響官員的士氣。」並說出他的不滿：

　　「閣下對部下的訓令不過是理想，爲何不明白這完全不符現實呢？面對土匪及山地生蕃的肆虐是對策第

一，道德是其次的問題。有威嚴才能統治，對付生蕃
和漢人，有一百個道德不如會用金錢，從裡面策反他
們歸順才是當務之急。」

誠如曾根所言，台灣尚未進入統治軌道，乃木的潔癖在
現實中到處碰壁。

乃木將軍是守成的人，做為政治家在開創期的台灣沒有
留下很大的功勞，但是，他在台灣卻被當作具有「忠誠心」
的軍神而受到尊敬，此外，他的母親更以「埋骨台灣之人」
成為深愛台灣這塊土地的典範。

做為人柱，化作台灣土的明石元二郎

此外，第七任總督明石元二郎，更以化為台灣的泥土為
其志向。

明石總督在就任翌年的一九一九年十月，回到東京參觀
特別演習的途中，在船上突然病況惡化。他在故鄉福岡下船
接受治療，但在十月二十四日不治死亡。享年五十六歲。

明石總督的本葬，在台灣由總督府進行府葬。他的分骨
及遺髮置於東京都的青松寺，但也有人說是放在故鄉福岡的
崇福寺。

根據《明石元二郎》（下卷）所述，他在九月二十七日離
台之前，向總督府總務長官下村宏立下遺言：「萬一身亡，
一定要葬在台北。」他在台灣任職不過一年，為什麼要埋骨

台灣呢？傳記上也說不出理由。

　　因爲明石的遺言，他七十五歲的母親特地把兒子的遺骨送到台灣安葬。當時的《台灣新聞》追悼文指出：「做爲總督而殉職的人」、「遺體永遠留在任地。將軍生前忡忡憂國之忱，至死不渝。他的英魂將永遠守護本島。」

　　明石總督爲台灣的近代化建設傾注心血，雖然未完成，但他的心確實留在台灣。

　　第七任台灣總督明石元二郎，屬原敬內閣的實力派，是爲了推動日月潭水力發電所的建設，由遞信大臣野田卯太郎所打出的一張王牌。明石在任中，著手興建台灣電力株式會社的日月潭發電所之建設。頒布台灣教育令，壓制中部地方的反對勢力。更破除「風水」迷信，積極推動縱貫鐵路中部海岸線的建設。

　　還有如誘導南洋華僑和板橋林家創辦華南銀行、興建台北高等商業學校、司法由二審制改爲三審制、司法界的改革、決定興建嘉南大圳等等。

　　明石在日俄戰爭前以公使館武官的身分派駐莫斯科，是支援俄國革命與日本取得勝利的主角。日俄戰爭的結果日本勝利，德皇威廉二世說：「明石一人，比大山巖統率二十萬日軍的戰果更佳。」可見明石元二郎上校當時的活躍。

　　明石的陸軍士官學校同學，安島政信上校的回憶錄中曾如此介紹：「我在明石赴任台灣總督之際，要他注意在氣候和風土完全不同的土地上，特別小心飲食問題，明石卻答說：『到台灣就要吃台灣的食物，過台灣的一般生活，如果

死在台灣，我的希望是能進一步化為台灣的泥土。』」

另外，台北市協議員陳智貴的弔辭中說：「明石交待：『我的屍體要葬在台灣。如今還沒有確立施政的方針，一旦中途死去，實乃千古之恨事。我死後將成護國之鬼，永為台民之守護。』」

在任中一旦倒下，將成為人柱化為台灣的泥土，是明石總督的遺志。相對地，在台灣渡過下半生的蔣介石死後，在台北市中心的總統府前面，蓋起祭祀蔣介石的巨大中正廟，而他的棺材依舊要歸葬中國大陸，意味著台灣的土地是異域，他的棺材如今還離土三寸擺著。

先前，因蔣家遺族要把蔣介石、蔣經國父子的遺骨帶回中國大陸埋葬的舉動，朝野吵得不可開交。最後，國民黨的中央委員會以「時期尚早」予以拒絕，如今演變成等待解決的政治問題。

和明石總督至死仍以未開拓台灣為遺憾相比較，蔣介石父子宛如流放外島似地流亡台灣，作夢也想「反攻大陸」而「抱憾而終」，這真是天壤之別。

和埋骨斯土，化作靈魂以期完成遺志的日本人之生死觀相對照，蔣介石父子絕對不愛這塊土地，他們只不過是萬年過客似的暫時流亡台灣罷了。

戰後，國共內戰再起，被中共軍隊趕來台灣的二百萬中國難民，一部分人佔領了台北市三板橋的日本人公墓，在明石神社和明石總督的墓石上公然搭蓋違章建築，一住五十年。

　　直到陳水扁擔任台北市長時代，才強制拆除這些難民的
違章建築，改建成爲公園。

　　明石總督的墓，也由敬仰他的台灣人募款，重新豎立在
台北縣三芝的山上。

南台灣踏查手記

原著｜Charles W. LeGendre（李仙得）

英編｜Robert Eskildsen 教授

漢譯｜黃怡

校註｜陳秋坤教授

2012.11 前衛出版 272 頁 定價 300 元

從未有人像李仙得那樣，如此深刻直接地介入 1860、70 年代南台灣原住民、閩客移民、清朝官方與外國勢力間的互動過程。

透過這本精彩的踏查手記，您將了解李氏為何被評價為「西方涉台事務史上，最多采多姿、最具爭議性的人物」！

節譯自 *Foreign Adventurers and the Aborigines of Southern Taiwan, 1867-1874*
Edited and with an introduction by Robert Eskildsen

台灣經典寶庫6

C. E. S. 荷文原著
甘為霖牧師 英譯
林野文 漢譯
許雪姬教授 導讀

2011.12 前衛出版 272頁 定價300元

被遺誤的台灣 *Neglected Formosa*

荷鄭台江決戰始末記

1661-62年，
揆一率領1千餘名荷蘭守軍，
苦守熱蘭遮城9個月，
頑抗2萬5千名國姓爺襲台大軍的激戰實況

荷文原著 C. E. S.《't Verwaerloosde Formosa》(Amsterdam, 1675)
英譯William Campbell "Chinese Conquest of Formosa" in《Formosa Under the Dutch》(London, 1903)

回憶在滿大人、海賊與「獵頭番」間的激盪歲月

Pioneering in Formosa

歷險 福爾摩沙

台灣經典寶庫5

W. A. Pickering
(必麒麟) 原著

陳逸君 譯述 | 劉還月 導讀

19世紀最著名的「台灣通」
野蠻、危險又生氣勃勃的福爾摩沙

ecollections of Adventures among Mandarins,
Wreckers, & Head-hunting Savages

前衛出版
AVANGUARD

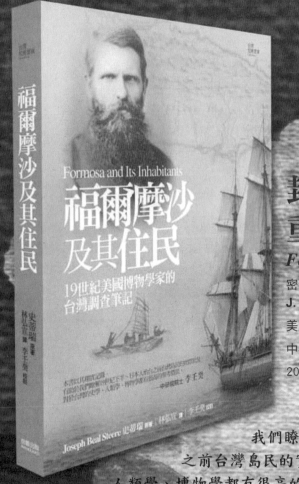

封藏百餘年文獻
重現台灣
Formosa and Its Inhabitants

密西根大學教授
J. B. Steere (史蒂瑞) 原著
美麗島受刑人 **林弘宣** 譯
中研院院士 **李壬癸** 校註
2009.12 前衛出版 312頁 定價 300元

　　本書以其翔實記錄，有助方
我們瞭解19世紀下半、日本人治台
之前台灣島民的實際狀況，對於台灣的史學、
人類學、博物學都有很高的參考價值。

——中研院院士 **李壬癸**

◎本書英文原稿於1878年即已完成，卻一直被封存在密西根大學的博物館，直
到最近，才被密大教授和中研院院士李壬癸挖掘出來。本書是首度問世的漢譯
本，特請李壬癸院士親自校註，並搜羅近百張反映當時台灣狀況的珍貴相片及
版畫，具有相當高的可讀性。

◎1873年，Steere親身踏查台灣，走訪各地平埔族、福佬人、客家人及部分高山
族，以生動趣味的筆調，記述19世紀下半的台灣原貌，及史上西洋人在台灣的
探險紀事，為後世留下這部不朽的珍貴經典。

甘為霖牧師 原著

素描
福爾摩沙

Eslite
Recommends
誠品 選 書 | 2009.OCT | 二〇〇九‧十月

Wn Campbell

一位與馬偕齊名的宣教英雄，

一個卸下尊貴蘇格蘭人和「白領教士」身分的「紅毛番」，

一本近身接觸的台灣漢人社會和內山原民地界的真實紀事⋯⋯

譯自《Sketches From Formosa》(1915)

原來古早台灣是這款形！
百餘幀台灣老照片
帶你貼近歷史、回味歷史、感覺歷史⋯⋯

前衛出版
AVANGUARD

誠品書店
www.eslite.com

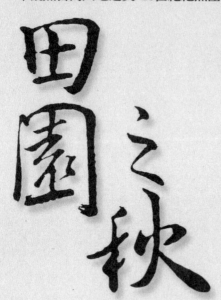

福爾摩沙
紀事
From Far Formosa
馬偕台灣回憶錄

19世紀台灣的
風土人情重現

百年前傳奇宣教英雄眼中的台灣

台灣經典寶庫
譯自1895年馬偕 著 《From Far Formosa》

前衛出版
AVANGUARD

【台灣經典寶庫】出版計畫

台灣人當知台灣事，這是台灣子民天經地義的本然心願，也是進步台灣知識份子的基本教養。只是一般台灣民眾對於台灣這塊苦難大地的歷史認知，有人渾然不覺，有人習焉不察，而且歷史上各朝代有關台灣史料典籍汗牛充棟，莫衷一是，除非專業歷史研究者，否則一般民眾根本懶於或難於入手。

因此，我們堅心矢志為台灣整理一套【台灣經典寶庫】，留下台灣歷史原貌，呈現台灣山川、自然、人文、地理、族群、語言、政治、經濟、社會、文化、風土、民情等沿革演變的真實記錄，此乃日本學者所謂「台灣本島史的真精髓」，正可顯現台灣的人文深度與歷史厚度。

做為台灣本土出版機關，【台灣經典寶庫】是我們初心戮力的出版大夢。我們相信，這套【台灣經典寶庫】是恢弘台灣歷史文化極其珍貴保重的傳世寶藏，是新興台灣學、台灣研究者必備的最基本素材，也是台灣庶民本土扎根、認識母土的「台灣文化基本教材」。我們的目標是，每一個台灣人在一生當中，至少要讀一本【台灣經典寶庫】；唯有如此，世代之間才能萌生情感的認同，台灣文化與本土意識才能奠定宏偉堅實的基石。

目前已出版

福爾摩沙紀事：
馬偕台灣回憶錄
FC01／馬偕著／林晚生譯／鄭仰恩
校註／384頁／360元

田園之秋(插圖版)
FC02／陳冠學著／何華仁繪圖／全
彩／360頁／400元

素描福爾摩沙：
甘為霖台灣筆記
FC03／甘為霖著／阮宗興校訂／林
弘宣等譯／424頁／400元

福爾摩沙及其住民－
19世紀美國博物學家的
台灣調查筆記
FC04／史蒂瑞著／李壬癸校訂／
林弘宣譯／306頁／300元

歷險福爾摩沙：回憶在
滿大人、海賊與「獵頭
番」間的激盪歲月
FC05／必麒麟著／陳逸君譯／劉
還月導讀／320頁／350元

被遺誤的台灣：
荷鄭台江決戰始末記
FC06／揆一著／甘為霖英譯／許
雪姬導讀／272頁／300元

南台灣踏查手記：
李仙得台灣紀行
FC07／李仙得著／黃怡漢譯／陳
秋坤校註／272頁／300元

即將出版：《蘭大衛醫生媽福爾摩故事集：風土、民情、初代信徒》

進行中書目：井上伊之助《台灣山地醫療傳道記》（尋求認養贊助出版）

甘為霖(William Campbell)《荷治下的福爾摩沙》（尋求認養贊助出版）
黃昭堂《台灣總督府》（尋求認養贊助出版）
王育德《苦悶的台灣》（尋求認養贊助出版）
山本三生編《日本時代台灣地理大系》（尋求認養贊助出版）

前衛【台灣經典寶庫】計畫

【台灣經典寶庫】預定 100 種書。

【台灣經典寶庫】將系統性蒐羅、整理信史以來，各時代（包括荷蘭時代、西班牙時代、明鄭時代、滿清時代、日本時代、戰後國府時代）的台灣歷史文獻資料，暨各時代當政官人、文人雅士、東西洋學者、調查研究者、旅人、探險家、傳教士、作家等所著與台灣有關的經典著書或出土塵封資料，經本社編選顧問團精選，列為「台灣經典寶庫」叢書，其原著若是日文、西文，則聘專精譯者逐譯為漢文，其為中國文言古籍者，則轉譯為現代白話漢文，並附原典，以資對照。兩者均再特聘各該領域之權威學者專家，以現代學術規格，詳做校勘及註解，並佐配相關歷史圖像及重新繪製地圖，予以全新美工編排，出版流傳。

認養贊助出版：每本 NT$30 萬元。
＊指定某一部「台灣經典寶庫」，全額認養贊助出版。

· 認養人名號及簡介專頁刊載於本書頭頁，永誌感謝與讚美。
· 認養人可獲所認養該書 1000 本，由認養人分發運用。

預約助印全套「台灣經典寶庫」100 種，每單位 NT$30,000 元（海外 USD1500 元）。

· 助印人可獲本「台灣經典寶庫」100 本陸續出版之各書。
· 助印人大名寶號刊載於各書前頁，永遠歷史留名。

感謝認養【台灣經典寶庫】

FC01 馬偕《福爾摩沙紀事：馬偕台灣回憶錄》
（台灣基督長老教會總會助印 1000 本）

FC02 陳冠學《田園之秋》（大字彩色插圖版）
（屏東北旗尾社區營造協會黃發保先生認養贊助出版）

FC03 甘為霖《素描福爾摩沙：甘為霖台灣筆記》
（台北建成扶輪社謝明義先生認養贊助出版）

FC04 史蒂瑞《福爾摩沙及其住民：19世紀美國博物學家的台灣調查筆記》
（北美台灣人權協會＆王康陸博士紀念基金會認養贊助出版）

FC05 必麒麟《歷險福爾摩沙：回憶在滿大人、海賊與「獵頭番」間的激盪歲月》
（北美台灣同鄉 P. C. Ng 先生認養贊助出版）

FC06 揆一《被遺誤的台灣：荷鄭台江決戰始末記》
（棉品實業股份有限公司洪清峰董事長認養贊助出版）

FC07 李仙得《南台灣踏查手記》
（財團法人世聯倉運文教基金會認養贊助出版）

FC08 連瑪玉《蘭大衛醫生娘福爾摩沙故事集》
（即將出版）（彰化基督教醫院認養贊助出版）

感謝預約助印全套【台灣經典寶庫】

鄭明宗先生　鄭文煥先生　廖彬良先生　林承謨先生

國家圖書館出版品預行編目資料

締造台灣的日本人／黃文雄著；楊碧川譯.
--初版.--台北市：前衛，2009.08
288面；15×21公分

ISBN 978-957-801-623-1（平裝）

1.日據時代　2.台灣史　3.人物志　4.日本

733.28　　　　　　　　　　　　98011507

締造台灣的日本人

著　　　者　黃文雄
譯　　　者　楊碧川
責任編輯　陳淑燕
美術編輯　宸遠彩藝
出 版 者　台灣本鋪：前衛出版社
　　　　　　10468 台北市中山區農安街153號4F之3
　　　　　　Tel：02-2586-5708　Fax：02-2586-3758
　　　　　　郵撥帳號：05625551
　　　　　　e-mail：a4791@ms15.hinet.net
　　　　　　http://www.avanguard.com.tw
　　　　　　日本本鋪：黃文雄事務所
　　　　　　e-mail：humiozimu@hotmail.com
　　　　　　〒160-0008 日本東京都新宿區三榮町9番地
　　　　　　Tel：03-33564717　Fax：03-33554186
出版總監　林文欽　黃文雄
法律顧問　南國春秋法律事務所林峰正律師
總 經 銷　紅螞蟻圖書有限公司
　　　　　　台北市內湖舊宗路二段121巷19號
　　　　　　Tel：02-27953656　Fax：02-27954100
出版日期　2009年8月初版一刷
　　　　　　2016年7月初版四刷
定　　　價　新台幣300元
©Avanguard Publishing House 2009
Printed in Taiwan　ISBN 978-957-801-623-1

＊「前衛本土網」http://www.avanguard.com.tw
＊請上「前衛出版社」臉書專頁按讚，獲得更多書籍、活動資訊
　http://www.facebook.com/AVANGUARDTaiwan